AYYA KHEMA

Sei dir selbst eine Insel

Ayya Khema

Sei dir selbst eine Insel

Buddhas Weg zu innerem Glück und Frieden

JhanaVerlag

Jhana Verlag im Buddha-Haus
Uttenbühl 5, D-87466 Oy-Mittelberg
E-Mail: produktsicherheit@jhanaverlag.de
www.buddha-haus.de/jhanaverlag oder www.buddha-haus-shop.de

Die englische Originalausgabe erschien unter dem Titel
Be an Island unto Yourself

Bibliografische Information der Deutschen Bibliothek
Die Deutsche Bibliothek verzeichnet diese Publikation in der Deutschen Nationalbibliografie; detaillierte bibliografische Daten sind im Internet über http://dnb.ddb.de abrufbar

Die deutsche Erstausgabe erschien 1987 im Theseus Verlag.

ISBN 978-3-931274-58-0

3. Auflage 2026

Titelfoto: Volkmar Weede
Covergestaltung: Bettina Lindenberg
Satz & Layout: Claudia Wildgruber
Korrektorat: Bärbel Wildgruber
Druck: Druckerei Steinmeier GmbH, Deiningen

Inhalt

Vorwort

Wir leben in einer Zeit, in der Verunsicherung, Orientierungslosigkeit und Geschwindigkeit unaufhaltsam zunehmen. Die Menschen versuchen zwar mit allen Mitteln dieser Bewegung entgegenzuwirken, doch scheinen diese Bemühungen nur wenig oder gar nicht zu greifen. Sind es die Mittel, die nicht funktionieren, ist das Bemühen nicht ernsthaft genug, oder was stimmt sonst nicht mit unserem Versuch, ein glückliches und erfülltes Leben zu gestalten?

In dem Buch *Sei dir selbst eine Insel* gibt Ayya Khema klar und prägnant Antworten auf die wichtigsten Fragen des menschlichen Lebens. Sie erklärt anhand der Buddhalehre den zeitlosen Weg zu wahrem Glück und Frieden.

Es ist für mich immer wieder faszinierend zu sehen, dass die Lehre des Buddha auch nach 2.500 Jahren ihre Gültigkeit nicht verloren hat und dass Ayya Khemas Darlegung dieser Botschaft nach wie vor hochaktuell ist. Es war eine besondere Gabe von Ayya Khema, tiefgründigste Sachverhalte und Weisheiten so zu erklären, dass sie für alle Menschen verständlich und berührend sind.

Sei dir selbst eine Insel ist die Anweisung des Buddha, in uns selbst nach Glück, Sicherheit und Halt zu suchen und das aussichtslose Unterfangen, in der äußeren Welt Erfüllung zu finden, aufzugeben.

Es ist ein Weg der Liebe, der Hingabe und des Loslassens, der jeden Augenblick beschritten werden kann und ins Innerste unseres Seins führt. Ayya Khema hatte die Fähigkeit, mit ihren Worten nicht nur den Verstand zufriedenzustellen, sondern vor allem auch das Herz zu erreichen, und uns so die Verbindung mit dem Bereich zu ermöglichen, in dem Liebe, Mitgefühl und tiefer Frieden auf uns warten. Das ist der wahre Sinn des Lebens: diesen Bereich, diese Insel in uns, zu befreien und als sichere Zufluchtsstätte zugänglich zu machen. Eine Lebensaufgabe, die es wirklich lohnt, in Angriff zu nehmen.

Aus dieser inneren Arbeit entsteht dann nicht nur ein glücklicheres und zufriedenes Dasein für uns selbst – ein solches Dasein strahlt auch auf unsere Umwelt aus, sodass sich Innen und Außen zu einem wunderbaren Ganzen ergänzen.

Ayya Khema war ein Mensch, der nicht nur mit Worten glänzte, sondern vor allem auch mit Taten. Es ist fast nicht zu glauben, was in ihrer kurzen, nur achtjährigen Anwesenheit in Deutschland entstanden ist. Neben ihren vielen Büchern hat sie uns als Erbe auch einen großen Schatz an Vorträgen und Meditationskursen, das meiste auf Audio und Video, hinterlassen. Sie gründete das Buddha-Haus und die Metta Vihara, das erste Buddhistische Waldkloster in Deutschland. Und sie hat Tausende von Menschen inspiriert, dem Weg in die Freiheit zu folgen. *Sei dir selbst eine Insel* ist dafür Orientierung, Inspiration, Nahrung und Halt.

Ihre Widmung, die sie mir in ein früheres Exemplar von *Sei dir selbst eine Insel* geschrieben hat, möchte ich gerne an euch weitergeben: »Mögest du dir immer selbst die Insel der Ruhe und des Friedens sein. Alles Liebe von Ayya.«

Nyanabodhi Bhikkhu,
Metta Vihara im Allgäu

I

Zufluchtnahme

Zuflucht zu nehmen zum Erleuchteten (*Buddha*), zur Lehre (*Dhamma*) und zur Gemeinschaft der erleuchteten Schüler (*Sangha*) hat tiefe Bedeutung. Eine Zuflucht ist ein Schutzraum, ein sicherer Ort, und davon gibt es auf dieser Welt nur wenige. Ja, eigentlich ist es sogar unmöglich, im weltlichen Leben irgendwo ein vollkommen sicheres Refugium zu finden. Äußere, materielle Zufluchtsorte brennen nieder, fallen der Verwüstung anheim, verschwinden vom Erdboden. Bei *Buddha-Dhamma-Sangha* hingegen handelt es sich nicht um eine äußere, materielle Zuflucht. Es ist eine spirituelle Zuflucht, und deswegen können und sollten *Buddha-Dhamma-Sangha* uns das Gefühl geben, dass wir schließlich doch noch einen Hafen gefunden haben, in dem der Sturm sich gelegt hat. Auf dem offenen Meer erschweren Sturm, Windböen und Wellen das Segeln. Erst wenn das Schiff den Hafen erreicht, sind die Wasser ruhig. Der Hafen ist eine Zuflucht. Dort sind alle Wellen und alle Stürme zur Ruhe gekommen. Wir können Anker werfen. Und das ist mit der Zuflucht zu *Buddha-Dhamma-Sangha* gemeint. Wer etwas anderes darunter versteht, hat vergebens Zuflucht genommen.

Zuflucht bedeutet, dass wir schließlich den Ort in uns gefunden haben, an dem wir zur Ruhe kommen können, und zwar in einer Lehre, die uns nicht im Geringsten darüber im Zweifel lässt, dass das Leiden ein Ende hat, dass alle Übel ein Ende haben, von denen die Menschheit befallen ist. Der große

Lehrer hat das *Dhamma*, die Lehre, dargelegt und seine *Sangha* hat sie weitergegeben. So ist uns der Weg gewiesen. *Sangha* bezeichnet hier all jene, die über Buddhas Lehre Erleuchtung erlangt haben. Damit ist also nicht irgendwer gemeint, der irgendwelche Roben, irgendein besonderes Gewand trägt. Nur wer Glauben gefasst und der Wirkkraft des *Dhamma* vertrauen gelernt hat, begreift auch die Bedeutung der Zufluchtnahme, und zwar sogar dann, wenn er die Befreiung vom Leiden noch nicht an sich erfahren konnte. Wer diese Verheißung nicht unmittelbar erschauen kann, ihre Möglichkeit noch nicht erkannt hat, weiß eigentlich nicht, was er tut, wenn er Zuflucht nimmt.

Buddhaṃ Saraṇam Gacchāmi.
Ich nehme Zuflucht zum *Buddha.*
Dhammaṃ Saraṇam Gacchāmi.
Ich nehme Zuflucht zum *Dhamma.*
Sanghaṃ Saraṇam Gacchāmi.
Ich nehme Zuflucht zur *Sangha.*

Wir wiederholen dies dreimal, und wir sollten verstehen, was es heißt. Sonst sprechen wir einfach nur Worte in einer fremden Sprache nach, wie ein Papagei, der auch nicht weiß, was er nachplappert.

Fühlen wir, dass die Zufluchtnahme Realität wird, dann öffnet sich unser Herz in Hingabe, Dankbarkeit und Hochachtung für *Buddha-Dhamma-Sangha*, für den Lehrer, die Lehre und die Erleuchteten, die dem Lehrer folgten und die Lehre am Leben erhalten und weitergegeben haben. Wir müssen dankbar dafür sein, dass das Leiden tatsächlich ein Ende haben kann, uns dem hingeben, das uns eine vollständig andere, überweltliche Wirklichkeit verheißt; und wir müssen jene würdigen, die es sich zur Lebensaufgabe gemacht haben, diese Lehre zu verbreiten.

Die Zufluchtnahme kann zum wichtigsten Ereignis des ganzen Lebens werden. Was ihr auch tut, ihr könnt es für *Buddha-Dhamma-Sangha* tun. Ich zum Beispiel kann Steine schleppen für *Buddha-Dhamma-Sangha.* Sie sind keine Last. Sie haben kein Gewicht. Aber wenn ich Steine schleppe, weil jemand mir sagt, ich soll Steine schleppen, werden sie ziemlich schwer werden. Sie werden mich müde machen. Aufgaben im Dienste des Höchsten, das eine andere Wirklichkeit verheißt, sind nicht beschwerlich, ja sind eine Kleinigkeit, wenn wir einmal erkannt haben, wie unbefriedigend die Wirklichkeit ist, in der die Menschheit jetzt lebt. Wir sind dann gern bereit und auch in der Lage, diese Wirklichkeit loszulassen.

Die Zufluchtnahme zu *Buddha-Dhamma-Sangha* geschieht häufig ohne jedes Verständnis. Viele beten sie herunter wie eine Formel. Aber viele nehmen auch hingebungsvoll Zuflucht, dankbar und voller Respekt. Sie haben Respekt vor dem Menschen, der die Kraft hatte, die höchste Seinsweise zu verwirklichen, die einem Menschen offen steht, und der darüber hinaus willens war, diese Seinsweise darzulegen, sodass andere ihm nachfolgen konnten – ja, der sie auf eine Weise dargelegt hat, dass gewöhnliche Wesen wie wir sie tatsächlich begreifen können. Das ist eine der großen Taten der Menschheitsgeschichte. Sie verdient den Respekt, den wir einer solchen Leistung zollen dürfen.

Mit Dankbarkeit, Hingabe und Respekt haben wir gleichzeitig die Liebe gewonnen. Diese drei haben sehr viel mit Liebe zu tun. Einem Menschen, den wir nicht lieben, können wir nicht wirklich dankbar sein; wir können uns ihm nicht hingeben, ihn nicht respektieren. Liebe und Respekt gehen auf dem geistigen Weg Hand in Hand. Sie sind allen Beziehungen im Leben förderlich, besonders jedoch dem geistigen Weg, weil dieser

Weg eine sehr innige Beziehung ist, die innigste, die wir haben können – die Beziehung zu uns selbst. Herz und Geist müssen beteiligt sein. Der Geist versteht. Das Herz liebt. Solange dies nicht geschieht, stehen wir nur auf einem Bein. Wir hüpfen unsicher herum, anstatt stetig und fest auszuschreiten.

Unstetigkeit beim Üben macht uns unzufrieden, sät Zweifel ins Herz: »Tue ich überhaupt das Richtige?« Oder: »Was mache ich denn hier? Wie um alles in der Welt bin ich hierher gekommen? Was bringt mir das? Warum gehe ich nicht dorthin zurück, wo ich herkomme, und tue, was alle anderen auch tun?« Zweifel brauen sich zusammen, weil wir unsicher sind, wankelmütig. Aber das ist auch kein Wunder. Auf einem Bein zu gehen ist nun einmal eine sehr wacklige Angelegenheit. Wir brauchen festen Boden unter den Füßen. Zu diesem Zweck müssen wir Geist und Herz ernst und aufrichtig in all unser Tun einfließen lassen. Und dieser Ernst kann sich nur entfalten, wenn das Herz geöffnet wurde.

Was für eine seltene und kostbare Gelegenheit, in dieser Menschenwelt, heimgesucht von Sorgen, Schwierigkeiten und Ängsten um das eigene und um das Leben derer, die uns nahe stehen, in diesem kummervollen und höchst unruhigen Dasein eine Zuflucht zu finden, einen sicheren Ort in uns! Diese Gelegenheit ist tatsächlich so selten und so wertvoll, dass die meisten Menschen nicht einmal ihren Wert erkennen.

Wir sprechen von den Drei Juwelen oder Kostbarkeiten (*Tirattana*), weil diese drei – *Buddha-Dhamma-Sangha* – der höchste Wert des gesamten Kosmos sind. Wir meinen damit nicht den physischen Körper, in dem der Buddha in Erscheinung trat, und auch nicht die physische Erscheinung der *Sanghas* der Vergangenheit und Gegenwart, sondern vielmehr das, was sie repräsentieren: Transzendenz, die absolute Wirklichkeit, die

Verbundenheit mit einem Bewusstsein, das alles andere außer Kraft setzt.

Die Zufluchtnahme stellt aber nicht nur eine seltene Gelegenheit dar, sie ist überdies ein Zeichen für hervorragendes *Karma*. Wir haben ganz ausgezeichnetes *Karma* angesammelt, dass wir Zuflucht nehmen können. Andererseits wird unser Zufluchtnehmen nur dann Früchte tragen, wenn wir es mit dem Herzen tun und nicht bloß mit dem Mund.

Ich bin sicher, ihr alle seid mindestens einmal in eurem Leben verliebt gewesen; vielleicht sogar mehr als einmal. Aber nehmen wir an, dass ihr einmal verliebt wart. Ihr werdet euch an dieses Gefühl erinnern, besonders wenn eure Liebe erwidert wurde. Das war doch herrlich, oder? Und dasselbe könnt ihr fühlen, wenn ihr *Buddha-Dhamma-Sangha* liebt, weil ihr den ganzen Tag in eurem Herzen mit *Buddha-Dhamma-Sangha* zusammentrefft. Es ist eine fortwährende Liebesbeziehung. Was könnte schöner sein?! Was ihr auch tut, ihr tut es für die, die ihr liebt. Und deswegen fällt euch alles ganz leicht.

Energie ist dann ganz natürlich. Ihr braucht sie nicht zum Leben zu erwecken. Sobald Gewissheit und Führung da sind, ist auch Energie da. Ihr braucht nicht danach zu suchen. Die Energie ist da, weil ihr mit dem Herzen bei dem seid, was ihr tut. Wir haben Zuflucht gefunden, etwas, das uns das Ende selbst des winzigsten Leidens verspricht, das unser Herz belastet hat oder jetzt noch belastet, das Ende aller Unsicherheit, aller Angst, aller Sorgen, ja auch der unbedeutendsten Nörgelei, mit der wir uns weismachen, dass irgendetwas nicht ganz so ist, wie es sein sollte. Das hat der Buddha uns verheißen! Sobald wir uns dieser Verheißung öffnen, erhält unsere Zufluchtnahme eine viel tiefere Bedeutung, denn wir haben uns mit ihr auf eine Beziehung eingelassen, die uns vollständig läutert und uns schließlich an der erleuchteten *Sangha* teilhaben lässt. Nur wenn wir sie in diesem Licht sehen, haben wir den vollen Nutzen von unserer Zufluchtnahme.

Wir rezitieren jeden Tag bestimmte Schriften, nicht weil wir uns die Zeit vertreiben, ein paar Pāli-Worte daherplappern oder unsere Lungen üben wollen. Nichts dergleichen. Vielmehr bringen wir mit den ersten drei Verehrungen Dankbarkeit, Hingabe und Respekt zum Ausdruck:

(1) *Iti'pi so bhagavā;*
(2) *Svakkhāto bhagavatā dhammo;*
(3) *Supatipanno bhagavato sāvaka-sangho.*

Der erste Gesang ist dem *Buddha* gewidmet, der zweite dem *Dhamma* und der dritte der *Sangha.* Aber wir bekunden mit dem Singen und Rezitieren nicht nur unsere Dankbarkeit, wir lernen damit auch die Worte der Lehre auswendig: Indem wir sie frei sprechen, können wir sie im Herzen besser verstehen. Wir können im Herzen verstehen, was der Buddha in der Lehrrede von der Liebenden Güte (*Karaṇīya-Mettā-Sutta*) über diese Güte und Liebe gesagt hat oder was die Worte »möge alle Feindseligkeit von mir abfallen« (*aham avero homi*) wirklich bedeuten. Und wir können im Herzen besser begreifen, was der Buddha über Körper, Gefühle, Wahrnehmung, Geistesformationen und Bewusstsein gesagt hat: *Sankkhitena pāñcupadānakkhandhā dukkhā.*

Kurz gesagt sind alle Fünf Anhäufungen leidhaft, an denen wir haften. *Seyyathidam:* Und diese fünf sind:

Rūpūpadānakkhando;
die Anhäufung des Anhaftens des Körpers;
Vedanupadānakkhando;
die Anhäufung des Anhaftens der Gefühle;

Saññupadānakkhando;
die Anhäufung des Anhaftens der Wahrnehmung;
Saṇkhārupadānakkhando;
die Anhäufung des Anhaftens der Geistesformationen;
Viññānupadānakkhando;
die Anhäufung des Anhaftens des Bewusstseins.

Zuerst geht es nur darum, dies alles im Gedächtnis zu behalten. Das heißt nicht unbedingt, dass wir sofort erfahren, was wir nachsprechen. Aber zumindest lernen wir es kennen. Weisheit entsteht über drei Entwicklungsschritte. Der erste Schritt ist Wissen. Dieses Wissen müssen wir uns in tieferem Sinne aneignen, indem wir es uns zu Herzen nehmen und versuchen, es zu verwirklichen. Damit geht es uns in Fleisch und Blut über. Wenn wir dann rezitieren, sprechen wir nicht einfach nur die Worte Buddhas oder eines Andachtsrituals nach. Vielmehr benutzen wir nun Worte, die wir uns vollkommen zu Eigen gemacht haben. Und daraus erwächst Weisheit.

Das Rezitieren hilft uns sehr, die Lehre im Gedächtnis zu behalten und Hingabe und Dankbarkeit zu erwecken. Darüber hinaus beruhigt es und stellt natürlich eine gemeinsame Bemühung dar. Wir sollten uns mit ganzem Herzen hineingeben. Ob wir eine gute oder eine scheußliche Stimme haben, spielt dabei weiter keine Rolle. Es ist egal. Einzig und allein das Herz zählt. Wir können eine Menge darüber lernen, wie wir uns in Fühlen und Denken nach *Buddha-Dhamma-Sangha* richten können. Dazu müssen wir nur genau auf die Worte achten, die wir rezitieren, was uns umso leichter fällt, je klarer wir sie in unserem Gedächtnis präsent haben.

Ihr alle habt schon einmal Buddhabilder oder -statuen gesehen. Man findet sie überall. Vielleicht habt ihr selbst auch eines oder mehrere Bilder vom Buddha. Dabei weiß niemand, wie der Buddha wirklich ausgesehen hat. Zu seiner Zeit gab es noch keine Kameras, und soviel ich weiß, hat auch niemand den Buddha in einem Bild oder einer Zeichnung porträtiert. Die Statuen und Bilder vermitteln also den Schönheitsbegriff des jeweiligen Künstlers. Jedes Land, jede Kultur hat in dieser Hinsicht eine andere Idealvorstellung. Jeder Künstler versucht die Vollkommenheit Buddhas auf seine Weise darzustellen, und diese Vorstellung bekommt ihr in den Bildnissen zu Gesicht. Ihr selbst habt euch vielleicht wiederum ein anderes Bild von dieser Vollkommenheit gemacht.

Nun gut, dann stellt euch in eurem Geist eure eigene Buddhastatue vor, so wie ihr sie für vollkommen haltet. Macht sie so schön wie möglich. Lasst sie goldene Lichtstrahlen aussenden. Seht, fühlt, was immer ihr für besonders schön haltet. Macht dieses Bild zu der schönsten Sache, die ihr visualisieren oder euch vorstellen könnt, und tragt es dann stets im Herzen. Es ist viel sinnvoller und hilfreicher, dieses Bild als irgendetwas anderes in eurem Herzen zu tragen. Es wird euch befähigen, andere Menschen zu lieben. Dazu braucht ihr nur zu bedenken, dass auch die anderen ein ähnlich schönes Bild in ihrem Herzen tragen. Sie reden vielleicht anders als wir oder sagen nicht die Dinge, die wir gern von ihnen hören möchten. Aber sie tragen dasselbe Bild im Herzen.

Wir verschließen uns den freudigsten Seiten unseres Lebens, solange wir nicht Liebe für alle Menschen fühlen können, denen wir Tag für Tag begegnen. Können wir uns jedoch wirklich öffnen, wird es uns nicht mehr schwerfallen, glücklich zu sein. Verliebte laufen im Allgemeinen mit einem seligen Lächeln durch die Welt. So einfach ist das.

Aber wir sind sogar noch in einer besseren Lage als gewöhnliche Verliebte, denn wir sind eine Liebesbeziehung eingegangen, die niemanden jemals enttäuschen wird. Unser Geliebter wird nicht mit einer anderen davonlaufen. Unsere Liebe wird uns nicht enttäuschen, weil wir die Tiefe dieses Geliebten noch gar nicht ermessen können. Die Tiefe von *Buddha-Dhamma-Sangha* hat sich uns noch nicht aufgetan. Sie wird sich uns erst mit der Erleuchtung vollkommen eröffnen. Es wird keine Enttäuschung geben, etwa weil wir auf den Falschen gesetzt hätten oder weil er sich nicht als so makellos erweist, wie wir vorher geglaubt hatten.

Wir sind eine transzendente, eine überweltliche Beziehung eingegangen. Diese Beziehung baut nicht auf einen Menschen, der mit Sicherheit sterben, der zweifellos unvollkommen sein wird. Nein, unsere Beziehung ist auf etwas ausgerichtet, das vollkommen ist. Etwas Vergleichbares ist im menschlichen oder in irgendeinem anderen Bereich nur sehr schwer zu finden. Dass wir es gefunden haben, stellt ein außergewöhnliches Privileg dar.

Einige von uns verfügen nicht über eine ererbte Beziehung zu *Buddha-Dhamma-Sangha*, weil sie nicht in einem buddhistischen Land geboren und aufgewachsen sind. Das ist kein großer Nachteil, weil wir diese Beziehung leicht für gegeben hinnehmen, wenn sie zu unserem kulturellen Erbe gehört und wir von Kindheit an dran gewöhnt sind. Was wir für gegeben hinnehmen, hinterlässt zumeist keinen großen Eindruck in uns. Andererseits haben wir hier jetzt die Gelegenheit, diese Beziehung als das zu erkennen, was sie eigentlich ist. Darum müssen wir uns bemühen. Mit Bemühen meine ich allerdings nicht, dass wir mit aller Gewalt versuchen müssten zu lieben. Bemühen heißt, dass wir sehen, dass wir versuchen sollen, unsere gesamte Wahrnehmung dem zu öffnen, was in unserem Leben gerade geschieht. Sobald wir es fertig bringen, unsere Wahrnehmung dafür zu öffnen und klar zu sehen, was geschieht, wird daraus liebevolle Hingabe erwachsen. Wir müssen uns nicht künstlich darum bemühen, hingegeben, dankbar oder respektvoll zu sein. Wir werden uns ganz natürlich so verhalten, wenn wir einmal klar erkennen, welche Gelegenheit die Drei Juwelen uns bieten.

Wer Schönheit, Reinheit und Weisheit in ihrer höchsten Form sieht, wer sie tatsächlich vor Augen hat, der hat keine andere Wahl: Er muss sie einfach lieben. Jedermann, der dies nicht täte, wäre ein Narr. Wir können und sollen keinen solchen Narren aus uns machen. Wenn wir dies getan hätten, wären wir gar nicht hier.

Wir müssen für vieles dankbar sein. Unser eigenes gutes *Karma* hat uns die Möglichkeit gegeben, hier zu sein. Das ist aber kein Grund, uns anerkennend auf die Schultern zu klopfen, denn wir wissen ja nicht einmal, ob wir dieses positive *Karma* im jetzigen Leben geschaffen haben. Es mag viele Leben zurückliegen. Die Person, die dieses *Karma* angesammelt hat, ist mit Sicherheit nicht identisch mit der Person, die jetzt die positiven Ergebnisse davon erntet. Allerdings sind es auch nicht zwei ganz voneinander gesonderte Wesen, die überhaupt nichts miteinander zu tun haben. Die Wahrheit liegt irgendwo dazwischen: in der Mitte. So hat der Buddha es gesagt. Aber wir können immerhin dem *Karma* dankbar sein, den nicht an irgendeinen Wesenskern gebundenen Ergebnissen positiver Handlungen. Und wir können unser Herz der Zuflucht öffnen, die wir genommen haben. Wir können uns dem Refugium anvertrauen, in dem wir in Ruhe vor Anker liegen und in geschützter Umgebung mit uns und an uns arbeiten können.

Das *Dhamma* beschützt jeden, der das *Dhamma* praktiziert. Wer das *Dhamma* wirklich übt, genießt vollkommenen Schutz. Der Schutz besteht nicht darin, dass andere uns nicht länger zu nahe kommen. Unser eigenes Verhalten, unsere Reaktionen sind unser Schutz, weil sie keinen Schaden mehr anrichten. Eine andere Sicherheit gibt es nicht.

Wann immer ihr *Buddhaṃ Saraṇam Gacchāmi* singt oder rezitiert, stellt euch in eurem Herzen einen wunderschönen Buddha vor. Ihr werdet dann von einer Verbundenheit wie zu einem geliebten Menschen durchdrungen sein. Ihr werdet das Gefühl haben, dass ihr kommuniziert wie mit einem geliebten Menschen. Das wird euch sehr helfen.

II

In Einklang leben

Wir haben gerade zusammen unsere Texte gesungen. Das geht nur mit einem gewissen Feingefühl für die Gemeinschaft. Es gehört Harmonie dazu. Wir müssen auf das Tempo der anderen achten. Tun wir das nicht, klingt unsere Rezitation falsch, irgendwie verstimmt. Dasselbe gilt auch für unser Zusammenleben. Wir müssen den Lebensrhythmus der anderen berücksichtigen. Wir brauchen Harmonie, ein bestimmtes Zusammengehörigkeitsgefühl. Ohne dies ist kein menschliches Zusammenleben möglich.

Aber dieses Zusammengehörigkeitsgefühl bricht häufig schon im ersten Moment in sich zusammen, weil der Einzelne nicht mit sich in Einklang lebt, mit sich selbst nicht im Reinen ist, nicht bei seinem eigenen Lebensrhythmus. Wir sehen in der Welt nur, was wir in uns und an uns sehen. Die Welt und wir sind ein und dasselbe. Es gibt da absolut keinen Unterschied.

Der erste Schritt zum Leben in Einklang liegt also in uns selbst. Ihn zu tun ist für jeden von uns die dringlichste Aufgabe. Ja, es gibt eigentlich keine andere Aufgabe, als innere Harmonie zu erzeugen. Dazu sind keine besonderen Umstände nötig. Es ist gleich, ob wir in der Meditationshalle sitzen, in einem Boot paddeln, das Mittagessen kochen, ein Buch lesen, im Garten arbeiten oder irgendetwas anderes tun. Allerdings werden wir nur dann zu innerer Harmonie gelangen, wenn wir zufrieden sind. Unzufriedenheit erzeugt Missklänge. Daran ist nichts zu ändern. Das ist nur folgerichtig.

Innere Zufriedenheit wiederum kann nicht von äußeren Faktoren abhängen. Diese sind niemals fehlerlos. Und das wäre auch völlig unmöglich. Zwei Monate lang war es hier viel zu heiß. Also hat sich jede darüber beklagt, dass sie zu viele Pflanzen zu bewässern hatte. Jetzt hat sich die Trockenheit in ihr Gegenteil verkehrt: Es regnet zu viel. Alles ist schmutzig, schlammig, matschig. Wo nur, wo, könnten wir die Idealsituation finden, den vollkommenen Augenblick? Es gibt ihn nicht.

Wir werden vergeblich nach den äußeren Voraussetzungen suchen, die uns vollkommen zufriedenstellen. Wir suchen am falschen Ort. Wir müssen die innere Voraussetzung entdecken, die uns zufrieden macht, und diese innere Voraussetzung benötigt zu ihrer Erfüllung mehrere Faktoren, zum Beispiel Unabhängigkeit. Ich meine hier nicht finanzielle Unabhängigkeit, die vielleicht andere Unabwägbarkeiten mit sich bringt. Nein, ich spreche von emotionaler Unabhängigkeit, die wir nur gewinnen, wenn wir nicht mehr auf äußere Zustimmung angewiesen sind.

Wir wissen einfach, dass wir immer unser Bestes zu geben versuchen, und wenn uns dann irgendwer seine Zustimmung oder Anerkennung verweigert und uns kritisiert, lässt sich daran auch nichts ändern. Schade zwar, aber so ist es nun einmal. Der Buddha ist auch nicht überall nur auf Zustimmung gestoßen. Aber er hat gesagt: »Ich hadere nicht mit der Welt, die Welt hadert mit mir.« Er hat es akzeptiert, wenn Menschen mit ihm oder mit seiner Lehre uneins waren. Er hat gewusst, dass nicht jeder einverstanden sein kann.

Zufriedenheit ist eine innere Qualität, die uns in einer Weise unabhängig macht, dass wir nun nicht mehr nach Unterstützung von außen Ausschau halten. Wir tun unser Bestes. Manchmal ist das Beste mehr als genug, manchmal nicht genug. Manchmal will es einfach nicht klappen. Auch damit müssen wir uns abfinden, ganz gleich ob die anderen dies gutheißen oder nicht.

Wir können nicht darauf warten. Im Übrigen: Wie sollten wir darauf auch warten können? Sie werden niemals alle beisammen sein. Und im Allgemeinen sind die Menschen auch niemals alle einer Meinung. Wenn wir also gelegentlich nicht so viel zustande bringen, wie wir gedacht hatten, ist dies nicht weiter schlimm; kein Grund, unzufrieden zu sein. Wahrscheinlich ist es nur eine gute Lernerfahrung: »Dieses Mal habe ich nicht so viel geschafft, wie ich dachte, schaffen zu können.«

Ohne Liebe gibt es keine innere Zufriedenheit. Wer sich nach Liebe sehnt, ist emotional abhängig und unzufrieden, denn er hat nicht, was er gern haben möchte. Und wenn er dann bekommt, was er sich ersehnt, ist er wahrscheinlich immer noch unzufrieden, weil es ja eigentlich mehr sein sollte oder weniger. Aber selbst wenn es denn endlich genau die richtige Menge Liebe ist, ist sie doch immer noch nicht dauerhaft genug, sondern eben wechselhaft. Sich nach Liebe zu sehnen ist eine schrecklich unbefriedigende Sache und wird niemals das Gefühl letztlicher Befriedigung schenken. Manchmal gelingt der Versuch, manchmal aber auch nicht. Was allerdings immer gelingt, ist Lieben. Lieben führt immer zu emotionaler Unabhängigkeit und Zufriedenheit. Wir können einen anderen Menschen lieben, ganz gleich, ob er diese Liebe annimmt oder nicht. Wenn wir andere Menschen lieben, hat das noch nicht einmal unbedingt etwas mit ihnen zu tun: Es ist eine Eigenschaft unseres Herzens.

Zufriedenheit beruht also auf Liebe, darauf, dass wir in unserem Herzen ein Feld der Harmonie hervorbringen. Dieses Feld der Harmonie sollte viele verschiedene Blumen tragen: Liebe, emotionale Unabhängigkeit, Zufriedenheit mit uns selbst, mit dem Menschen also, der wir nun einmal sind. Die Harmonie beruht nicht darauf, dass wir uns nach Liebe und Anerkennung verzehren. Im Gegenteil: Wir schenken Anerkennung und Liebe. Das ist so simpel. Und es funktioniert, weil es einfach funktionieren muss. Was könnte funktionieren, wenn nicht dies? Es macht uns großzügig. Und es funktioniert, weil es bedeutet, dass wir geben.

Sobald jemand an uns herantritt und etwas von uns will, fühlen wir uns bedroht. Das »Ich« fühlt sich bedroht: »Wenn ich jetzt gebe, was man von mir will, werde ich mich eingeschränkt und kleiner fühlen.« Daraus entsteht Disharmonie. Stellt euch einmal vor, es steht jemand mit einer Pistole in der Hand vor uns und fordert unser Hab und Gut. Wir würden uns doch bedroht fühlen, oder etwa nicht? Und so ähnlich fühlen wir uns auch, wenn jemand auf uns zukommt und unsere Liebe von uns haben will. Verschenken wir dagegen Liebe und Anerkennung, bedrohen wir erstens die anderen nicht und müssen zweitens auch nicht auf der ständigen Suche danach durch die Gegend irren. Diese innere Zufriedenheit im eigenen Herzen ist der einzige Weg zu einem harmonischen Leben. Wie könnten wir überhaupt mit irgendeinem Menschen friedlich und harmonisch zusammenleben, wenn wir nicht einmal mit uns selbst dazu in der Lage sind? Wir müssen mit uns selbst in Einklang leben. Mit wem sonst?

Gelegentlich fühlen wir uns physisch nicht ganz wohl. Das ist kein Grund, unzufrieden zu sein. »Ich bin der Krankheit unterworfen.« Wir rezitieren diesen Satz jeden Abend. Das heißt aber nicht, dass ich darüber unglücklich und unzufrieden werden muss. Die Natur des Körpers macht Krankheit unvermeidlich. Also, der Körper fühlt sich nicht wohl – mehr nicht. Der Körper hat Schwierigkeiten. Das ist nicht ungewöhnlich. Der Körper hat immer irgendwelche Schwierigkeiten.

Ein andermal glaubt der Geist vielleicht, dass er irgendetwas braucht. Nun gut, dann lasst den Geist dies eben einfach glauben. Das heißt nicht, dass ihr euch darin verstricken müsst. Sobald ihr euch darauf einlasst, dem Leiden zu glauben, das Körper und Geist hervorbringen, werdet ihr keinen Augenblick mehr zufrieden sein. Wo könntet ihr dann auch Zufriedenheit finden? Zufriedenheit hat nichts mit einem eigenen Haus, der Natur oder den Menschen zu tun, denen ihr begegnet. Zufriedenheit hat nur eine Heimat: euer eigenes Herz; und nur eine Grundlage: die Einsicht, dass wir ein Feld der Harmonie um uns aufbauen und uns mit dem Gefühl tiefer Befriedigung beglücken, wenn wir Liebe und Anerkennung verströmen. Dies ist wahre Lebenskunst.

Wahre Lebenskunst will gelernt sein. Wir können sie uns aneignen, wenn wir dazu bereit sind, uns selbst in den anderen zu begegnen. Wie könnten wir wissen, wie wir ausschauen, hätten wir nicht einen Spiegel, der es uns zeigt? Um uns selbst zu sehen, brauchen wir den Spiegel der Begegnung, das Spiegelbild unseres eigenen Seins in den anderen. Die Unstimmigkeiten, die wir mit anderen Menschen haben, sind eine Spiegelung unseres eigenen Spiegelbildes. Leben wir mit uns selbst in Einklang, wird unser Verhältnis zu den anderen ebenfalls keine Missklänge aufweisen. Dies ist dann schlechterdings unmöglich. Unser Spiegelbild lügt nicht.

In einer Lehrrede spricht der Buddha von drei Mönchen, die wie Milch und Wasser zusammenlebten. Sie verschmolzen vollkommen miteinander. Es herrschte absolute Harmonie zwischen ihnen, weil keiner seinen eigenen Willen durchsetzen wollte. Nun, diese drei waren *Arahats*. Es wäre vielleicht zu viel von uns verlangt, wenn wir es ihnen sofort gleichtun wollten. Immerhin vermittelt uns diese Geschichte eine Vorstellung von dem Ziel, das wir anstreben. Und dies ist notwendig. Wir würden nämlich immer nur unserem eigenen Geist glauben, wenn wir keine Vorstellung von unserem Ziel hätten. Wir würden meinen, dass unsere negativen Einstellungen und Reaktionen vollkommen gerechtfertigt sind, weil irgendjemand irgendetwas getan hat, das schlecht für uns oder doch zumindest unangenehm war.

Harmonie wird an vielen Stellen erwähnt. Für ein glückliches Leben ist sie ein wesentlicher Faktor. Manchmal hängen die Menschen an ihrem Leiden, an ihrem *Dukkha*. Das ist eine weitverbreitete Krankheit. Wer begreift, wie dumm sie ist, wird die Finger davon lassen. Alle Lebewesen streben nach Glück. Man braucht nicht einmal ein Mensch zu sein, um glücklich und zufrieden leben zu wollen.

Wir versuchen es mit Meditation, damit wir uns glücklicher fühlen, als wir vorher waren. Aber wir können nicht den ganzen Tag sitzen und meditieren. Manchmal scheint die Meditation auch verschüttete Erinnerungen an den Tag zu bringen, die wir nicht einmal anschauen wollen. Und wir haben auch zuweilen das Gefühl, dass uns unsere Meditation mehr *Dukkha* einbringt, als wir ohnehin schon haben. Aber dies scheint nur so, weil wir uns endlich unser Leiden eingestehen. Gestehen wir uns ein, dass wir leiden, müssen wir automatisch Mitgefühl für das Leiden aller anderen Wesen empfinden. Es kann gar nicht anders sein. Mensch sein heißt leiden. Es mag zwar verschiedene Entwicklungsstufen geben, aber Kinder sind nun einmal Kinder, ganz gleich ob sie ins erste, zweite oder dritte Schuljahr gehen.

Da wir *Dukkha* an uns und in uns selbst finden, wären wir sehr dumm, wenn wir annehmen würden, dass andere Wesen keine solchen Leiden mit sich herumtragen. Jeder hat *Dukkha*, aber einige können besser damit umgehen als andere. Man kann mit *Dukkha* auf geschickte Weise fertig werden oder sich sehr ungeschickt anstellen. Weglaufen ist sicherlich sehr ungeschickt, denn *Dukkha* hat die fatale Angewohnheit, stets mitzukommen. *Dukkha* hält sich nicht an einem bestimmten Ort auf, steckt nicht in einer bestimmten Situation, sondern in unserem Herzen. Wir müssen das Leiden gezwungenermaßen immer mit uns tragen, wenn es in unserem Herzen sitzt. Es ist im selben Flugzeug, im selben Boot, im selben Auto, wohin wir auch flüchten. Wegrennen ist also ganz bestimmt die ungeeignetste Strategie, *Dukkha* zu bewältigen.

Aber wir kennen alle noch eine zweite Strategie, die nicht weniger ungeschickt ist: etwas oder jemand anderes für unsere Misere verantwortlich zu machen – einen Menschen, eine Situation, das Wetter oder was sich sonst noch anbietet. Anstatt selbstverantwortlich zu sein, stehlen wir uns aus der Verantwortung.

Die dritte ungeschickte Strategie der Leidensbewältigung läuft darauf hinaus, dass wir uns von *Dukkha* niederdrücken und deprimieren lassen. Wir werden ganz in *Dukkha* hineingezogen und infolgedessen schrecklich unglücklich. Sehr viele Menschen verfallen diesem Fehler. Wenn er auch durchaus verbreitet ist, ist er deswegen doch nicht weniger töricht. Wir sind deprimiert und lassen den Kopf hängen, bis irgendein äußerer Kitzel uns aus unserer Trübsal erlöst – eine Geburtstagstorte, ein Eisbecher. Dann hebt sich unsere Laune ein wenig.

So viel zum ungeschickten Umgang mit *Dukkha*. Wollen wir unser Leiden auf geschickte Weise bewältigen, müssen wir es als Lernerfahrung betrachten. Die einzig wirklich vernünftige Betrachtungsweise ist die, dass wir es sehen und uns dann sagen: »So ist das also. Dies hat der Buddha mit der ersten der Vier Edlen Wahrheiten gemeint. Offensichtlich wusste er, wovon er sprach.«

Die erste Edle Wahrheit ist die Wahrheit vom Leiden, die Wahrheit von *Dukkha*. Die zweite Edle Wahrheit ist die der Leidensentstehung: *Dukkha* hat eine Ursache. Die Ursache ist Gier: der Wunsch, etwas zu bekommen, das wir nicht haben; oder etwas loszuwerden, das wir haben, aber nicht haben wollen. Das sind die einzigen beiden Ursachen. Es gibt keinen anderen Grund für *Dukkha*. Sobald wir *Dukkha* in uns erkennen, ohne uns darin zu verstricken, begreifen wir, dass Leiden eine Realität ist, ein Teil des Lebens. Und dann können wir in uns auch den Grund dafür finden. Wir sagen uns: »Stimmt genau. So und nicht anders ist es. An meinen Wünschen liegt es.« Haben wir auf diese Weise die Gültigkeit der zweiten Edlen Wahrheit festgestellt, werden wir einsehen, dass die dritte und die vierte Wahrheit ebenfalls stimmen müssen. Die dritte Edle Wahrheit ist die Wahrheit der tatsächlichen Leidensüberwindung: alles *Dukkha* hört auf, ein für alle Mal. Und dies ist *Nibbāna* – Befreiung, vollkommene Befreiung.

Die beiden ersten Wahrheiten lassen sich leicht beweisen. Das ist ein Kinderspiel. Wir können sie uns jeden Tag mindestens zehn bis fünfzehn Mal bestätigen. Dazu brauchen wir nicht mehr zu tun als aufzupassen, was passiert. Haben wir aber die Gültigkeit der ersten beiden Wahrheiten nachgewiesen, dürfen wir annehmen, dass die dritte und die vierte ebenfalls stimmen. Wir haben eine Orientierungshilfe gefunden, etwas, womit wir arbeiten können. Mit der vierten Edlen Wahrheit, dem Edlen Achtfachen Pfad, haben wir ein gutes Werkzeug dafür gefunden. Wir können in uns zu Vollkommener Anschauung, der richtigen Sicht der Dinge gelangen.

Dukkha entsteht immer und immer wieder. Das Leiden wird nicht aufhören, sich zu manifestieren, bis nicht alle Gier, alles Wünschen, alles Sehnen erloschen sind. Mit dem Erlöschen alles

Wünschens aber sind wir zu *Arahats* geworden, vollkommen erleuchtet. Warum wundern wir uns also noch darüber, wenn wir sehen, dass Leiden entsteht? Dies sollte uns wirklich nicht überraschen. Es ist töricht, sich davon überraschen zu lassen. Wir können uns höchstens darüber wundern, wenn absolut kein *Dukkha* festzustellen ist. Das ist wesentlich sinnvoller: »Meine Güte, in den letzten dreißig Minuten habe ich absolut kein *Dukkha* gespürt!« Das wäre wirklich bemerkenswert, eine echte Überraschung. Wer sich hingegen über das Auftauchen von *Dukkha* überrascht zeigt, beweist damit nur, dass er weder dem Buddha richtig zugehört noch wirklich in sich selbst hineingeschaut hat.

Also müssen wir *Dukkha* vorbehaltlos als gegeben akzeptieren, wenn wir uns innere Harmonie erschließen wollen. Wer mit *Dukkha* hadert, wird sich natürlich dagegen wehren und versuchen, sein Leiden abzuschütteln. Das wird dann die dringlichste Beschäftigung in seinem Leben. Wer das tut, zäumt das Pferd von hinten auf: »Ich will endlich mein *Dukkha* loswerden. Also muss ich irgendetwas ändern, verbessern. Ich muss meine Mitmenschen verändern, die Situation, meinen Tagesplan, meinen Körper und so weiter.« Das ist vergebliche Liebesmüh. Es funktioniert nicht. Wir können *Dukkha* auf diese Weise nicht loswerden. Was wir aber aufgeben können, ist unser Wünschen. Der Buddha hat gesagt, dass dies möglich ist.

An diesem Punkt in unserem Leben müssen wir seine Worte als erwiesen hinnehmen, weil offensichtlich ein Hoffnungsschimmer besteht, dass wir zumindest einige seiner Ausführungen schon jetzt nachprüfen können, ohne dass wir dafür bereits erleuchtet oder der Erleuchtung nahe sein müssten. Da wir einen Teil nachprüfen können, müssen wir den Rest auf Treu und Glauben akzeptieren und mit unserer Praxis auf seinen Wahrheitsgehalt untersuchen.

Wenn dann, wie es so seine Art ist, das nächste Mal Leiden auftaucht, *Dukkha* seinen Kopf hebt und euch anschaut, akzeptiert dies, und sagt euch: »So, so. Die Dinge laufen nicht nach Wunsch.« Macht euren Wunsch, euer Sehnen ausfindig und lasst sie los. *Dukkha* könnt ihr nicht loslassen, nur euer Wünschen. Je mehr Wünsche wir loslassen, desto größer die Harmonie. Wünsche stören fortwährend die Harmonie. Stellt euch vor, wir chanten zusammen, und eine fängt an zu brüllen und zu kreischen, nur weil sie gern mehr gehört werden möchte als die anderen. Daran ist nichts harmonisch, kein Einklang. Oder stellt euch vor, dass irgendjemand stets eine halbe Silbe voraus sein möchte. Das würde die Harmonie vollkommen zerreißen. Wünschen zerstört alle Harmonie.

Wollen wir im Herzen innerlich zufrieden sein, müssen wir begreifen, dass diese Zufriedenheit auf emotionaler Unabhängigkeit und auf liebevollem Wohlwollen beruht, darauf, dass wir Liebe und Anerkennung schenken, anstatt sie für uns haben zu wollen, dass wir die wechselseitige Abhängigkeit von Wünschen und Leiden verstehen und unser Wünschen loslassen. Das ist der Weg. Das ist die Lehre. Ich tue nichts anderes, als euch daran zu erinnern. Ich erzähle euch nichts Neues. Wir wissen im Grunde Bescheid. Es gibt ein fundamentales inneres Wissen. Wenn wir es dann ausgesprochen hören, denken wir: »Natürlich, das ist ja so wahr.« Aber dann vergessen wir es.

Warum vergessen wir? Was bringt uns das? Alle Welt vergisst. Wozu? Das Vergessen ist Teil der fortwährenden Ich-Identifizierung und Ich-Bestätigung. Der Geist beschäftigt sich unaufhörlich mit Gedanken, die um »ich«, »mein«, »für mich«, »das gehört mir« kreisen. Alle tun wir dies, und deswegen ist die

Welt voller Missklänge, ein Ort der Disharmonie. Wir müssen in unserem eigenen Herzen Harmonie finden. Nur dort können wir sie entdecken. Niemand wird sie uns schenken und uns in die Hand drücken. Aber der Buddha hat uns zumindest Hilfen gegeben. Er hat Methoden gelehrt, mit denen wir diese Harmonie verwirklichen können: die Meditation über die Allgüte (*mettā bhavana*); das Verhalten, das sich an solcher Liebe und Allgüte (*mettā*) orientiert; die acht meditativen Vertiefungen (*jhāna*); und die Meditation des Überweltlichen Klarblicks (*vipassanā*). Dies alles sind Methoden, kein Selbstzweck. Sie führen zur Durchdringung, das heißt zu vollständigem Verstehen von Vergänglichkeit (*anicca*), Leidhaftigkeit (*dukkha*) und der Nicht-Existenz eines Wesenskerns, im Allgemeinen als Selbst- bzw. Ich-losigkeit (*anattā*) bezeichnet.

Mit diesem Verstehen gewinnen wir Einsicht in den permanenten Wandel und Umbruch aller Erscheinungen. Wir sehen, wie schnell sich Körper und Geist verändern, wie untrennbar das Leiden zum Leben gehört, ihm gewissermaßen inhärent ist, und wir erkennen darüber hinaus die Spiele des Ich, mit denen es uns fortwährend im Wege steht. Ohne »Ich« gibt es keine Schwierigkeiten. Schwierigkeiten kann es nur geben, wenn ein »Ich« existiert, das Schwierigkeiten hat. Wo wäre ohne »Ich« noch die Schwierigkeit? Je größer das »Ich«, desto größer die Schwierigkeit; je kleiner das »Ich« desto kleiner ist auch die Schwierigkeit.

Harmonie heißt, mit anderen wirklich zusammen sein. Es heißt aber auch, mit uns selbst zusammen sein, mit uns selbst in Einklang leben. Wir erschließen uns diese Harmonie, wenn wir zu menschlicher »Ganzwerdung« finden. »Heilig« kommt von »heil«, und »heil« heißt: nicht in Teile aufgespalten, also »ganz«. »Heilig« müssen wir nicht sein, aber »ganz«: in uns vollkommen.

Dies ist eine große Aufgabe, die einzige, die sich wirklich lohnt: ganz sein, zu wissen, dass uns nichts fehlt; dass es nichts gibt, das wir irgendwo »da draußen« finden müssten, um endlich unseren Frieden zu finden, um endlich zufrieden zu sein.

III

Miteinander sprechen

Es ist eine große Hilfe, gelegentlich gar keine Gespräche zu führen, geistig still zu sein, oder generell weniger zu reden. Der Buddha hat sich häufig über die Rechte Rede geäußert. Die Rechte Rede ist ein Bestandteil des Edlen Achtfachen Pfades und der Fünf Tugendregeln; auch in der Lehrrede vom Großen Segen (*Mahā Maṅgala Sutta*) ist sie erwähnt. Dort steht ebenfalls etwas über freundliche und höfliche Worte. Der Buddha hat dem sprachlichen Ausdruck und Umgang sogar eine ganze Lehrrede gewidmet, die sogenannte »Darlegung der Freiheit von allem Widerstreit«. Er hat sich zu diesem Thema geäußert, weil er zeigen wollte, dass Rede zu Kontroversen und Auseinandersetzungen führt, sobald wir nicht den richtigen Gebrauch von ihr machen.

Die meisten Menschen glauben, dass sie schon allein deswegen die Rechte Rede beherrschen, weil sie von ihrem Mundwerk Gebrauch machen können. Das ist ein Irrtum. Rechte Rede ist eine Kunst. Sie will gelernt sein. Und wie jede andere Fertigkeit oder Kunst kann jeder sie lernen, wenn er sich nur darum bemüht.

Rechte Rede hängt von unseren Denkprozessen ab. Damit nicht genug: Sie ist auch von unseren emotionalen Reaktionen abhängig, Wut zum Beispiel oder Zorn. Wer sich von seinem Zorn mitreißen lässt, wird in diesem besonderen Augenblick kaum die Rechte Rede beherrschen. Unsere Emotionen kommen in unserer Art zu reden zum Vorschein. Wer sich selbst wichtig nimmt, das heißt der typischen Ich-Verstärkung unterliegt, wird recht geschwollen daherreden. Wir müssen auf unsere Emotionen nicht weniger achten als auf unsere Gedanken. Allein ein *Arahat*, ein vollkommen Erleuchteter, wird die Rechte Rede in jeder Situation beherrschen. Das hält uns allerdings nicht davon ab, diese Vollkommenheit so gut wie möglich zu üben und zu erlernen.

Wir sollten niemandem schmeicheln und keine honigsüßen Worte benutzen. Das klingt falsch und ist es auch. Allerdings gibt es genug Menschen, die so sprechen. Vielleicht kennt ihr jemanden, der dies tut. Er ist leicht zu erkennen, denn er hat immer eine übertrieben liebenswürdige und beipflichtende Antwort parat. Er gibt sich alle Mühe, freundlich zu klingen. Was er sagt, ist nur nicht ganz glaubwürdig. Irgendetwas klingt falsch.

Interessant und bemerkenswert ist auch, dass die Sprache nur sieben Prozent unserer Kommunikation ausmacht, obwohl sie unserer Meinung nach doch unser Hauptkommunikationsmittel darstellt.

Ich habe dies von einer Frau gehört, die »Kommunikation« lehrt. Schon das allein sagt sehr viel über uns aus. Ihre Geschäfte laufen prächtig, ihre Workshops sind gut besucht. Das bedeutet doch, dass die Menschen nicht wissen, wie sie miteinander reden sollen, besonders wenn sie eng zusammenleben.

Aber es passiert wesentlich mehr zwischen uns als diese sieben Prozent verbale Kommunikation. 93 Prozent unserer Kommunikation sind nonverbal. Was bedeutet, dass wir unsere Gedanken und Emotionen sehr sorgfältig beobachten müssen. Unsere Gedanken und Emotionen bleiben nicht verborgen. Sie sind kein Geheimnis. Wir mögen uns zwar einreden, wir könnten es uns erlauben, zu denken und zu fühlen, was wir wollen. Wenn wir nicht darüber sprechen, wird die Umwelt auch nichts davon merken, so meinen wir. Dem ist leider nicht so. Das ist ein Irrtum.

Unsere Gedanken und Emotionen sind ein offenes Buch für jeden, der über ein kleines Maß an Bewusstheit verfügt. Wollen wir hoffen, dass wir hier alle über dieses Maß an Bewusstheit verfügen, schließlich meditieren wir ja schon seit einiger Zeit. Wir reagieren nicht allein auf die Worte, sondern auch auf die Gefühle, die sich dahinter verbergen. Und daraus können eine Menge Missverständnisse entstehen. Jemand sagt etwas. Ihm selbst ist vollkommen klar, was er damit meint. Sein Gesprächspartner hingegen fängt die damit vermischten Emotionen auf und versteht infolgedessen etwas ganz anderes. Bei einem Gespräch lassen sich solche Missverständnisse theoretisch sehr leicht ausbügeln. Man braucht nur zu fragen, was eigentlich gemeint war. Aber die Menschen fragen nicht genug. Sie verstehen etwas falsch und bleiben auf diesem Missverständnis sitzen. Daraus erwachsen Kälte und Gleichgültigkeit.

Hinter jedem Wort stehen Gefühle. Körpersprache untermalt jedes Wort. Jeder hat eine ganz eigene Körpersprache. Es gibt keinen Menschen, der in dieser Hinsicht genau dieselbe Sprache sprechen würde wie ein anderer. Wir können der Körpersprache sehr viel entnehmen. Wir müssen nur darauf achten: auf den Gesichtsausdruck, auf die Stimmfärbung und so weiter.

Worte und sprachlicher Ausdruck sind begrenzt. Eintausend Wörter reichen aus, um eine Zeitung in einer fremden Sprache zu lesen; jede beliebige Zeitung in jeder beliebigen Sprache. Eintausend Worte sind nicht sehr viel. Mehr brauchen wir nicht, um uns auszudrücken, im Allgemeinen sogar eher weniger. Worte sind also nicht gerade ein besonders subtiles Kommunikationsmittel. Ihre Feinheiten bleiben uns verschlossen, weil wir nicht über den Wortschatz verfügen, der notwendig wäre, um uns allein mit Worten verständlich zu machen. Niemand erwartet, dass seine Worte genügen, um ihn zu verstehen. Niemand reagiert nur auf Worte.

Die Sprache ist so ungeheuer wichtig, weil wir durch sie miteinander in Beziehung treten. Wohlgemerkt, Sprache in dem vielschichtigen Sinn, den wir gerade herausgearbeitet haben.

Wenn Menschen zusammenleben, müssen sie sich verbunden fühlen und entsprechend verhalten. Das Gemeinschaftsleben stellt gewisse Anforderungen. Zu beachten ist, dass wir uns nicht ein paar Menschen herauspicken, mit denen wir innigeren Kontakt pflegen. Wir müssen diese Art von Kontakt mit jedem Mitglied der Gemeinschaft pflegen.

Oft wählen wir uns aus einem Dutzend Leuten eine oder zwei oder drei Personen aus, auf die wir uns näher einlassen und sagen uns: »Das sind wohl die Besten. Mit ihnen scheine ich gut auszukommen, also halte ich mich auch an sie. Über die anderen will ich einfach hinwegsehen. Ich werde nicht gemein zu ihnen sein, aber ich werde auch nicht viel mit ihnen reden.« Das ist keine gemeinschaftsförderliche Art des Gruppenumgangs. Gemeinschaft heißt: alle zusammen. Jedes Mitglied der Gemeinschaft hat die Pflicht und das Privileg zu lernen, mit jedem anderen Mitglied der Gemeinschaft gesunde und mitmenschliche Beziehungen zu pflegen.

Wie nun können wir diese Beziehungen gesund, zu einem Erfolg machen? Wie können wir miteinander umgehen, dass keine oder zumindest so selten wie möglich Missverständnisse auftreten? Wie sollten wir uns verhalten, dass wir an unserem Zusammensein Freude haben?

Die Lehrrede von der Liebenden Güte (*Karaṇīya Mettā Sutta*) gibt uns einen Hinweis. Es beschreibt den Heilssucher als einen Menschen, der leicht ansprechbar ist. Habt ihr schon einmal darüber nachgedacht, was dies bedeutet? Leicht ansprechbar ist der Mensch, der seinen eigenen Standpunkt bereitwillig aufgibt und sich in die Lage des anderen hineinversetzen kann. Mit diesem Menschen kann man reden. Er wird auch bereit und fähig sein, jederzeit zuzugeben, dass er einen Fehler gemacht hat, und diesen Fehler ehrlich bedauern. Wenn er sagt, dass ihm etwas leid tut, meint er es auch. Außerdem wird er auf Vorhaltungen nicht gleich aufbrausend antworten, sondern erst einmal zuhören.

Wer leicht ansprechbar ist, kann wirklich hinhören. Wenn wir angesprochen werden, müssen wir hinhören, was man uns sagt. Wir müssen zuhören. Zuhören und bloß hören sind jedoch nicht ein und dasselbe. Ich sage zu dir oder zu dir oder zu dir: »Du hörst mir nicht zu!« Du antwortest: »Oh, ich höre schon, was du mir sagen willst.« Bemerkt ihr den Unterschied? Es ist nicht dasselbe »Hören« gemeint. Natürlich hören wir irgendetwas. Klangschwingungen rauschen durch unsere Ohrmuscheln. Aber das ist noch kein Zuhören. Zuhören ist etwas ganz anderes.

Wenn zwei Menschen miteinander sprechen, sollten sie einander zuhören. Zuhören heißt, dass wir das Gesagte so aufnehmen, wie es tatsächlich gesagt wird, anstatt sogleich unseren eigenen Kommentar dazu zu vernehmen. Das ist überhaupt einer der schlimmsten Verstöße gegen das Zuhören, besonders wenn wir uns an sich für einen guten Zuhörer halten. Zuhören heißt, dass wir vollkommen leer sind, und vielleicht noch, dass wir, wenn notwendig, einfühlsam auf das Gehörte reagieren. Aber zuweilen ist nicht einmal dies nötig. Zuweilen müssen wir das Gesagte nur auf uns wirken lassen. Wie die Rechte Rede ist auch das Zuhören eine besondere Fertigkeit, ja eine Kunst.

Es geht nicht allein darum zu hören, was uns geschildert wird. Wir müssen ganz und gar bei dem anderen Menschen sein, uns ihm vorbehaltlos öffnen. Das ist ein wichtiger Aspekt von Mitgefühl. Vollkommenes Zuhören ist Mitgefühl. Wir legen uns dann nicht unsere eigene Interpretation zurecht. Der andere möchte uns etwas sagen. In diesem Augenblick zählt das Geschwätz unseres eigenen Geistes überhaupt nicht. Wir sollten es abstellen und stattdessen bei dem anderen sein. Wir sollten zulassen, was in ihm nach Ausdruck drängt. Das ist Liebe. Allgüte. Auch was wir selbst sagen werden, muss zwangsläufig Misstöne enthalten und Unstimmigkeiten hervorrufen, wenn unsere Rede nicht von Liebe erfüllt, von Liebe getragen ist. Das wird immer wieder passieren.

Wir haben vorhin bereits die »Darlegung der Freiheit von allem Widerstreit« erwähnt. Darin sagt der Buddha sehr viel über die rechte Art zu reden. Zum Beispiel, dass wir nicht übertreiben aber auch nicht untertreiben sollten. Beides fällt in den Bereich der Lüge.

Nehmen wir einmal an, 1.500 Menschen hätten sich hier zu einer Zeremonie versammelt, und wir behaupten, es wären 15.000 gewesen, weil wir uns damit wichtigmachen wollen. Das mag absurd klingen, aber die Menschen sagen viele solcher absurden Dinge. Und sie sind gar nicht glücklich, wenn man sie darauf aufmerksam macht. Klingen Übertreibungen und Beschönigungen nicht so viel besser und wichtiger als Tatsachen?

Untertreibungen und Geringschätzungen sind ebenfalls unsauber. Nehmen wir an, ihr sagt zu einem anderen Mitglied unserer Gemeinschaft: »Du grüßt mich morgens nie als Erste. Immer wartest du darauf, dass ich dich grüße.« Vielleicht grüßt sie euch tatsächlich selten zuerst. Aber niemals? Das ist untertrieben. Es ist einfach nicht wahr. Was heißt das? Nun, es heißt, dass wir darauf achten müssen, was wir sagen. Wir müssen uns unsere Worte überlegen. Sprudeln sie einfach nur impulsiv aus uns heraus, mögen sie zwar trotzdem stimmen, aber sie können auch falsch sein. Die Chancen stehen fünfzig zu fünfzig. Vermeidet dieses Risiko. Ihr habt genug Zeit nachzudenken.

In bestimmten Situationen kommen wir nicht daran vorbei, einem anderen Menschen zu sagen, was zu tun oder was zu unterlassen ist. Zum Beispiel: »Ich kann bei geschlossenem (oder offenem) Fenster nicht schlafen.« Manchmal müssen wir auch unser Missfallen bekunden: »Du trittst mir auf den Zehen herum. Das tut mir weh«, oder was wir uns dergleichen sonst noch zu sagen haben. Das ist vollkommen in Ordnung, nur: Nehmt euch Zeit! Lasst es nicht impulsiv aus euch herausplatzen. Nehmt euch die Zeit, alle Emotionen abkühlen zu lassen. Findet zuerst euren Gleichmut. Seid ihr dann zur Ruhe gekommen, erinnert ihr euch an die vielen guten Seiten des Menschen, den ihr gleich ansprechen werdet, oder zumindest an eine gute Eigenschaft. Ihr könnt dann ganz ungezwungen auf ihn zugehen und sagen, was ihr auf dem Herzen habt. Das ist nun ganz leicht, denn ihr tut es wohlwollend, mit Liebe.

Steht hingegen keine Liebe hinter euren Worten, muss eure Bemühung um Verständigung zwangsläufig scheitern. Ihr stoßt dann nur auf Ablehnung und erntet Missverständnis. »Ich verstehe wirklich nicht, was du mir damit sagen willst«, ist noch die sanfteste Antwort, mit der ihr in diesem Fall zu rechnen habt. In den meisten Fällen wird man euch nur eisige Ablehnung fühlen lassen. Ihr seid nicht nur verletzt worden, man hat euch außerdem beleidigt. Ihr wolltet eine negative Situation bereinigen und habt bei dem Versuch, dies zu tun, eine zweite negative Reaktion einstecken müssen.

Achtsamkeit und klares Verständnis sind unbedingt erforderlich, je mehr davon, desto besser. Klares Verständnis ist das Gegenteil von Verworrenheit. Und natürlich müssen wir diese

Klarheit im Alltag und in der Meditation schulen. Gewöhnlich benutzen wir nur einen kleinen Bruchteil der uns verfügbaren Zeit für diese Schulung.

In seiner »Darlegung der Freiheit von allem Widerstreit« gebraucht der Buddha eine außerordentlich hilfreiche Formulierung. Er sagt dort: »Sage nicht, was du sagen willst, wenn es verletzend sein könnte und obendrein unwahr ist. Auch wenn du etwas sagen möchtest, dass zwar hilfreich, aber leider unwahr ist, solltest du es besser nicht sagen. Hast du etwas als wahr erkannt, so sprich es trotzdem nicht aus, wenn es verletzt. Und selbst wenn du etwas erkannt hast, das hilfreich und wahr zugleich ist, solltest du den rechten Moment abwarten, bevor du es sagst.« – Der richtige Moment kann in zehn Minuten gekommen sein – oder zehn Tage, zehn Monate später.

Es gibt Augenblicke, da weiß man einfach, dass der andere gerade mitten in einem Prozess innerer Veränderung steckt, zumindest hat man den Eindruck. In dieser Situation sagt man wahrscheinlich am besten gar nichts. Irgendetwas stimmt bei uns allen nicht. Wir können nicht jede Kleinigkeit erwähnen. Das ist unmöglich. Wir würden nie mehr aus dem Reden herauskommen. Gewisse Dinge müssen jedoch gesagt werden, zumindest manchmal. In einem anderen Moment ist es dann besser, gar nichts zu sagen. Warum auch? Was jetzt ist, wird ohnehin bald anders sein. Alles wandelt sich.

Trotzdem: Man kann jedem Menschen sagen, was man ihm sagen möchte, vorausgesetzt, es ist hilfreich, vorausgesetzt, es ist wahr. Es muss nicht unbedingt anerkennend oder übermäßig verständnisvoll sein. Aber es muss Liebe dahinter stehen, und es muss im richtigen Augenblick gesagt werden. Dieser ist gekommen, wenn der andere wirklich hinhören kann, weil er innerlich ruhig ist, wenn er uns zu erkennen gegeben hat, dass er uns zuhören wird, und wenn wir selbst vollkommen ruhig sind. In keinem Fall ist der richtige Augenblick für ein Wort der Klarstellung gekommen, wenn noch Ärger in der Luft hängt, weil dieser oder jener Fehler gemacht, dieses oder jenes versäumt wurde. Dies bedeutet, dass wir uns fortwährend prüfen müssen. Warum sage ich das? Muss ich es unbedingt sagen? Was wird daraus entstehen?

Wir werden vorsichtig, und unsere Vorsicht schenkt uns Umsicht. Wir sprechen überlegt, anstatt aufs Geratewohl daherzureden, noch dazu Unwesentliches. Bis wir die Fertigkeit der besonnenen Rede endlich erworben haben, werden wir von einer Ungelegenheit in die nächste stolpern; und wir werden weiterhin Unwesentliches sagen. Das Leben braucht jedoch keine Serie von Pannen zu sein. Das Leben kann sich vollkommen überlegen und besonnen vor uns entfalten, Schritt für Schritt, den ganzen Tag.

Allerdings können wir uns für unsere Rede keinen Tagesplan entwerfen wie für die übrigen Tätigkeiten. Ihr müsst auf der Stelle bestimmen, wann der richtige Augenblick für euch gekommen ist, etwas zu sagen. Daran kommt keiner vorbei. Deswegen ist es außerordentlich wichtig, dass wir immer daran denken, was falsche Rede ausmacht und wie viel Zeit wir mit Reden verbringen, ja vergeuden.

Nun gut, wir können immerhin die Stunden abziehen, die wir schlafen. Dann reden wir ja nicht. Die Meditationszeiten können wir jedoch nicht abziehen, denn die meisten Menschen reden beim Meditieren permanent mit sich selbst. Das heißt, mit Ausnahme der Schlafenszeit und der wenigen Augenblicke völliger Sammlung und Achtsamkeit, rasseln und purzeln die Wörter in uns herum und aus uns heraus. Pausenlos sind wir mit innerer und äußerer Rede beschäftigt, mindestens achtzehn

Stunden am Tag. Offensichtlich also erwerben wir uns eine wichtige Fähigkeit, wenn wir endlich erkennen, wie viel Zeit wir mit Reden verbringen.

Leider können wir uns diese Fähigkeit nicht so leicht aneignen, wie wir vielleicht meinen. Es geht ja nicht nur darum, freundlich und liebenswürdig zu sein. Das ist wirklich nicht alles. Achtet deswegen auf eure Motive, wenn ihr jemandem etwas Schönes sagen wollt. Fragt euch: »Warum will ich dies sagen?« Ihr habt einen Grund. Untersucht ihn: »Welche Absichten verfolge ich? Oder will ich mir nur selbst einen Gefallen tun?«

Ihr wisst, welches Motiv nützlich ist. Niemand braucht dies zu erklären. Sagt also, was ihr sagen wollt, wenn es euch darum geht, dass der andere sich wohlfühlt. Wenn ihr aber nur euch selbst einen Gefallen tun wollt, solltet ihr von eurem Vorhaben Abstand nehmen und besser nichts sagen. Untersucht eure Motive. Sprecht ihr, um euch selbst zu gefallen, so ist eure Rede weder besonnen noch überlegt. Im Gegenteil: Sie ist impulsiv, instinktiv. Üben wir uns nicht in besonnener, überlegter Rede, werden die Worte stets impulsiv und instinktiv aus uns herausplatzen, besonders in Stresssituationen, auch schon bei geringstem äußeren Druck.

Freundliche Worte sind nicht allzu schwer zu finden, wenn wir nicht mehr tun, als die Freundlichkeiten zu erwidern, die man uns entgegenbringt. Viel wichtiger und bedeutsamer ist jedoch, dass wir die Energie aufbringen und uns dazu aufraffen, unsere Rede insgesamt, was wir auch sagen, zu einem wertvollen Beitrag zu machen. Das ist ungeheuer wichtig, und deswegen müssen wir es üben – tagein, tagaus. Schließlich reden wir ja auch immerfort, zu jeder Tages- und Nachtzeit.

Nehmt eure Rede nicht einfach als gegeben hin. Für die Rede gilt dasselbe wie für alle anderen Tätigkeiten auch. Solange ihr nicht überlegt handelt, werdet ihr immer wieder in irgendwelche Fallgruben stolpern. Eure Rede wird immer wieder alles andere als vollkommen sein. Sie wird euch viel Grund zur Reue geben. Habt ihr im Laufe des Tages etwas gesagt, das ihr später bedauert, seid ihr nicht achtsam, nicht besonnen genug gewesen.

Befragt euch vor dem Einschlafen selbst über euren Tag. Fragt euch: »Wie viel Gutes ist von mir ausgegangen, wie viel positive Energie? Und wie viel negativen Einfluss habe ich ausgeübt?« Dies ist sinnvoller, als über die Hitze, die Moskitos oder über eure Müdigkeit nachzudenken.

»Wie oft habe ich eine der Fünf Hindernisse gezeigt? Wie oft mein Denken und Tun davon bestimmen lassen? Wie häufig habe ich sinnliche Wünsche, Bösartigkeit, Faulheit und Stumpfsinn, Unrast und Besorgtheit, wie häufig Zweifel und Skepsis gezeigt? Was kann ich tun, damit diese Fesseln mein Leben von nun an weniger bestimmen? Wie kann ich mehr Liebe zeigen und mehr Mitgefühl? Wie kann ich mich mit den anderen freuen, wenn sie sich freuen? Wie kann ich Ausgeglichenheit, Gleichgewicht finden?«

Zieht abends Bilanz. Nur Bilanz – kein Urteil, keine Selbstbeschuldigungen. Ihr erkennt, was im Laufe des Tages alles geschehen ist, und ihr erkennt es an, leugnet es nicht. Aber ihr verurteilt euch nicht dafür. Erkenntnis und Wandel, das altbewährte Erfolgsrezept: Zuerst nehmt ihr zur Kenntnis, was da ist. Dann verändert ihr es. Wenn ihr nicht nach euren Erkenntnissen handelt, passiert natürlich gar nichts. Aber trotzdem hängt alles vom ersten Schritt ab: Selbstbeobachtung. Wir müssen als Erstes sehen und überdenken, wie sich unser tägliches Leben abspielt.

Wenn ihr dies am Abend nach einem arbeitsreichen Tag wirklich macht, werdet ihr feststellen, dass einige eurer Worte alles andere als zweckdienlich und hilfreich waren. Vergegenwärtigt euch dies rückschauend, und sagt euch: »Was ich da und dort gesagt habe, war nicht zweckdienlich. Morgen will ich es besser machen.«

Vergesst nicht, die Beweggründe für euer Tun zu untersuchen. Wer seine Hilfe um jeden Preis aufdrängt, bewirkt nichts Gutes, ganz gleich, wo er es auch versucht. Alle guten Taten müssen zuerst im eigenen Herzen reifen, damit sie auch von Herzen kommen können. Nur dann bewirken sie Gutes.

Ihr könnt nicht etwas verschenken, das ihr selbst nicht besitzt. Niemand kann das. Ist das Herz offen und frei, wird sich Gutes daraus entfalten. Ein reines Herz strahlt Reinheit aus. Ein von Liebe erfülltes Herz strahlt Liebe aus, ganz unabhängig von den Worten, die gesprochen werden. Ihr braucht euch nicht einmal um besonders liebevolle und entgegenkommende Worte zu bemühen, wenn euer Herz liebt. Man wird in jedem Fall die Liebe spüren, die hinter euren Worten steht. Liebevolle Rede ist also keine Frage der Wortwahl, sondern einzig und allein eine Frage des Gefühls hinter den Worten.

Solange wir uns nicht immer und immer wieder darum bemüht haben, die Beweggründe, das Motiv für unsere Äußerungen aufzudecken, sind Unebenheiten in der Rede ebenso wenig zu vermeiden wie unwesentliches Geschwätz und Worte, die zu Konflikten reizen. Diese Ausrutscher liegen beständig auf der Lauer, um dem Geist zu schaden. Und unsere Meditation wird darunter leiden, ob wir dies wollen oder nicht. Wer ist nun der Leidtragende? Wir selbst. Unter den Folgen falscher Rede leidet stets nur der, der sich zu falscher Rede hinreißen lässt.

Rede ist wichtig, ungeheuer wichtig, so wichtig, dass der Buddha seinen siebenjährigen Sohn lang und breit darüber belehrte. Er tat dies nach der siegreichen Rückkehr von der Suche nach Erleuchtung.

Bei dieser Gelegenheit sah der Buddha seinen Sohn überhaupt zum ersten Mal, denn das Kind war in der Nacht geboren, in der der damalige Prinz Siddhartha den Palast seines Vaters verlassen hatte. Bei seinem ersten Zusammentreffen mit seinem Sohn Rahula belehrte er diesen also über die rechte Art zu reden, zum Beispiel nicht zu lügen. Das ist sehr wichtig für ein Kind. In seinen Erklärungen betonte der Buddha, dass aus falscher Rede alle anderen unrechten Dinge entstehen.

Unsere Worte müssen nicht unbedingt kränken oder beleidigen, um falsche Rede zu sein. Es reicht, dass sie unfreundlich sind oder sarkastisch. Es reicht, dass wir einen Scherz machen, der die Fehler oder das Versagen eines anderen Menschen brandmarkt. Selbstbeglückwünschungen sind ebenfalls falsche Rede, wie überhaupt alle Worte, mit denen wir uns nur selbst bestätigen wollen. Wir können diese Fehler nur abstreifen, wenn wir bereit sind, uns zu beobachten und zu ändern, wenn wir immer wieder genau überprüfen, was wir eigentlich sagen.

Der Buddha ist sehr häufig auf rechte oder falsche Rede eingegangen. Aus gutem Grund. Damals wie heute haben die Menschen große Schwierigkeiten damit. Unseren zwischenmenschlichen Kontakten fehlt es zumeist an Wärme. Es fehlt das Herz. Und dies liegt nicht an dem, was wir sagen. Es liegt an dem, was wir *fühlen,* und daran, *wie* wir infolgedessen sprechen.

Deswegen lautet unsere Aufgabe, vorbehaltlose Liebe in uns zu erwecken – eine Liebe, die nicht davon abhängt, ob die anderen liebenswert und liebenswürdig sind oder nicht. Nur ein vollkommen Erleuchteter, ein *Arahat,* ist auch vollkommen liebenswert. Alle anderen Wesen haben Fehler, haben Mängel, haben dunkle Flecken, sind mit Makeln behaftet. Wir vergeuden unsere Zeit und Energie, wenn wir über die Fehler anderer Menschen nachdenken. Das führt zu nichts. Nur unsere eigenen Makel und Fehler sind interessant für uns. Es sind die gleichen wie bei den anderen, nur die Zusammensetzung ist individuell verschieden.

Wer seine Rede nicht wie eine Kunst pflegt, an ihr feilt, bis sie die richtige Wirkung zeigt und keine unangenehmen, negativen Echos mehr hervorruft, der hat auch Buddhas Worte noch nicht so gehört, wie sie gemeint sind.

Rechte Rede bedeutet, dass wir nicht lügen, dass wir nicht verleumderisch über andere herziehen, dass wir nicht unfreundlich sind und nicht beleidigend, dass wir nicht klatschen und tratschen, dass wir die Menschen nicht gegeneinander ausspielen. Fehlt eines dieser Elemente, ist unsere Rede auch nicht vollkommen. Alle gehören sie dazu. Sie sind ein wichtiger Aspekt der Lehre. Wir dürfen ihn niemals übersehen.

IV

Steter Tropfen höhlt den Stein

Rechte Anstrengung ist ein Schritt auf dem Edlen Achtfachen Pfad. Sie ist wesentlich, ganz gleich ob es sich um weltliche Bemühungen oder um die spirituelle Praxis handelt. Wir brauchen diese Rechte Anstrengung, und doch verstehen wir nur schwer, was dies eigentlich ist. Deswegen machen wir viele Fehler. Wir geraten auf Abwege. Das heißt, wir tun meist zu wenig. Wie können wir feststellen, was das richtige Maß, die Rechte Anstrengung ist?

Wir können uns eine verlässliche Richtschnur erarbeiten. Dazu müssen wir uns am Abend nur den Verlauf des vergangenen Tages ins Gedächtnis rufen und uns fragen: »Habe ich mich heute wirklich bemüht? Bin ich tatsächlich bis an die Grenzen meiner Möglichkeiten gegangen (was auch immer diese Grenzen im Einzelnen sein mögen)? Oder habe ich es mir nur leicht gemacht?« Ihr braucht niemand anderen danach zu fragen, weil niemand für euch antworten kann. Nur ihr selbst wisst die richtige Antwort. Ihr braucht auch mit niemandem darüber zu sprechen. Es reicht, wenn ihr selbst Bescheid wisst.

Rechte Anstrengung bedeutet, dass wir uns vollkommen einsetzen, mit allen unseren körperlichen und geistigen Fähigkeiten. Wir sind uns in dieser Hinsicht nicht gleich. Jeder ist ein bisschen anders, hat andere Grenzen. Deswegen wird auch jeder selbst am besten wissen, wenn er sich restlos eingesetzt, sich vollkommen angestrengt hat.

Ihr könnt dies leicht beurteilen, wenn ihr euch selbst prüft: »Habe ich heute wirklich versucht, mehr zu tun als gestern? Habe ich versucht, weiterzukommen, und sei es nur ein kleines Stück? Habe ich versucht, fünf Minuten früher aufzustehen? Habe ich versucht, mir zwei zusätzliche Worte von unserem Andachtsritual zu merken?« Das sind nur winzige Schritte, aber sie sind tatsächlich schon jene Rechte Anstrengung, um die wir uns bemühen. »Habe ich versucht, etwas länger in der Sitzhaltung auszuharren? Zwei Sekunden länger? Fünf Minuten länger? Habe ich mich bemüht, die Konzentration etwas länger zu halten? Habe ich versucht, weniger negative Gedanken zu haben?« Vielleicht nur einen einzigen negativen Gedanken weniger.

Steter Tropfen höhlt den Stein. Der geistige Weg ist kein vielfarbiger Regenbogen, der vom Himmel herabfällt, wenn die Zeit reif dafür ist. Der geistige Weg setzt sich aus vielen kleinen Schritten zusammen – wie das Leben, das aus Tausenden von kleinen Begebenheiten besteht. Leben, das ist im Allgemeinen nicht eine Reihe umwerfender und erschütternder Ereignisse. Davon gibt es in jedem Leben nur wenige, vielleicht eines, vielleicht vier. Aber jedem von uns widerfahren fünfzig, sechzig, siebzig oder achtzig Jahre lang jeden Tag von früh bis spät unzählige kleine Ereignisse. Und dem entspricht unsere Anstrengung: kleine Schritte, aber immer sind sie ein bisschen mehr, gehen ein bisschen weiter als das, was wir gestern getan haben. Mit der Zeit ist der Stein des Widerstandes dann ausgehöhlt.

Eines Tages sind wir für die letzte Anstrengung bereit: Wir beseitigen alle falschen Vorstellungen, emanzipieren uns von der Täuschung des Selbst. Voraussetzung ist allerdings, dass wir uns jeden Tag bemühen, und sei es nur ein wenig. Tun wir dies nicht, werden wir niemals für diese letzte Anstrengung bereit sein, weil wir schon vorher immer wieder zurückfallen.

Wir sind sehr stark an angenehmen Empfindungen und Gefühlen interessiert. Wir wollen es gern nett und bequem haben. Aber die winzige Extra-Anstrengung, der kleine Schritt mehr, der darüber hinaus geht, sind dem im Weg. Sie sind unbequem. Dabei sind Bequemlichkeit oder Unannehmlichkeit an sich vollkommen unwichtig. Wir bringen keine bedeutenden Leistungen zustande, wenn wir uns danach richten. Im Gegenteil: Wir untergraben unsere Bemühungen, wenn wir uns zu sehr mit ihnen beschäftigen.

Uns fehlt jeglicher Anreiz, jegliche Motivation, wenn wir unsere persönliche Bequemlichkeit nicht gelegentlich hintenanstellen. Wer dies nicht auf sich nimmt, wer sich nie wirklich bemüht, wird schließlich nicht mehr wissen, warum er überhaupt irgendetwas tut, sondern sich nur noch um seine Bequemlichkeiten kümmern. Es ist so viel leichter, bergab zu rutschen, als nach oben zu klettern, in jeder Hinsicht. Das Gesetz der Schwerkraft regiert nicht nur unseren Körper. Es regiert auch unseren Geist. Es ist wirklich viel leichter, bergab zu rutschen.

Die winzige Extra-Regung des Geistes, die die kleine zusätzliche Anstrengung ermöglicht, schenkt uns tiefe Befriedigung. Wir können zufrieden auf unseren Tag zurückblicken. Das ist wichtig. Wir sollten diesen Rückblick keinen Tag versäumen. Wie sollten wir ohne ihn unterscheiden lernen, was wichtig ist und was nicht? Der Rückblick schenkt uns Zufriedenheit: »Ich habe mich bemüht. Ich habe mich erfolgreich um die kleine zusätzliche Anstrengung bemüht.«

Es gibt nur einen Augenblick: diesen jetzt. Die Zukunft? Es gibt sie nicht. Sie ist ein Produkt unserer Einbildungskraft. Wenn sie dann wirklich eintritt, ist sie Gegenwart. Sie kann nicht in der Zukunft geschehen. Wie wir sie uns auch vorstellen, sie wird niemals so sein, weil wir sie nicht als derselbe Mensch erfahren werden, der wir jetzt sind. Gedanken an die Zukunft sind also pure Zeitverschwendung.

Und gewiss verschwenden wir auch unsere Zeit, wenn wir in Gedanken in der Vergangenheit herumwühlen. Sie ist unwiderruflich vorbei. Sie wird niemals wieder zurückkommen. Wir können sie nicht wiederbeleben. Unsere Erinnerungen sind lückenhaft und teilweise falsch, und deswegen sind wir nicht einmal in der Lage, uns an irgendetwas korrekt zu erinnern. Die Beschäftigung mit der Vergangenheit hat nur dann Sinn, wenn wir uns an einen Fehler erinnern und aus ihm lernen, nicht noch einmal denselben Fehler zu begehen. Dies können wir ziemlich schnell erledigen und ebenso schnell wieder fallen lassen.

Wir leben in diesem Augenblick, hier und jetzt. Ein neuer Tag liegt vor uns wie ein neues Leben. Am Morgen sind wir neugeboren. Wir stehen vor einem neuen Tag, der unverdorben ist und strahlend. Im Verlauf dieses neuen Tages durchleben wir ein ganzes Leben mit all seinen dazugehörigen Emotionen: Vorlieben und Abneigungen, Ängsten und Unsicherheiten, mit Anerkennung und Toleranz, Geduld, Liebe und Mitgefühl. Dies alles geschieht im Laufe dieses einen Tages, den wir achtlos vergeuden werden, sollten wir uns nicht bemühen, uns nicht ein bisschen mehr anstrengen. Wenn wir jedoch einen Tag achtlos vergeuden, ist die Wahrscheinlichkeit groß, dass wir auch ein ganzes, wertvolles Menschenleben vergeuden.

Der Buddha hat gesagt, dass unsere Menschenwelt die besten Voraussetzungen für die Erleuchtung bietet. Es gibt *Dukkha* hier. *Dukkha* ist ein guter Ansporn. *Dukkha* treibt uns weiter. Und es gibt genug *Sukha,* genug Glück, genug Freude, sodass wir nicht in vollständiger Niedergeschlagenheit dahinvegetieren.

Sukha kann uns allerdings leicht in die Irre führen, weil viele

Menschen der falschen Vorstellung frönen, dass sie von einer Freude zur nächsten, von einem Glück zum nächsten hüpfen können, ohne je irgendein Leid zu erfahren, wenn sie die Sache nur richtig anpacken, die Dinge nur in den Griff bekommen.

Dies ist ein Missverständnis wie vieles andere auch. Trotzdem ist die Menschenwelt der optimale Bereich, denn wir alle haben einen Geist, der sich sämtlicher Fesseln entledigen kann. Ohne Anstrengung wird dies allerdings niemals geschehen. Ohne Anstrengung geschieht überhaupt gar nichts, das eine positive Entwicklung fördert.

Es kommt vor, dass wir uns in einer Weise anstrengen, die unserer Meinung nach zu viel von uns verlangt. Dies stimmt nicht. Wir strengen uns nur falsch an, weil wir von dem Ergebnis besessen sind, das die Anstrengung uns bringen soll. Die fixe Idee vom Ziel führt dazu, dass wir uns bei unserem Bemühen verspannen. Deswegen die Kopfschmerzen, Rückenschmerzen, Sorgen und Enttäuschungen.

Wer bei seinem Bemühen, ganz gleich welcher Art, nur das Ziel im Sinn hat, kann sich natürlich nicht auf das Bemühen selbst konzentrieren. Ganz anders ist es, wenn wir nicht mehr an das Ziel denken, das wir zu erreichen versuchen, wenn wir alle Gedanken daran loslassen. Dann können wir all unsere Achtsamkeit und Aufmerksamkeit auf das Geschehen richten, auf die Anstrengung, die wir unternehmen. Dann erst haben wir einige Aussicht, dass unser Bemühen gelingen wird. Unsere Anstrengung erzeugt keine Verspannung.

Manche Leute bekommen vom Meditieren oft Kopfschmerzen und schließen daraus, dass irgendetwas faul sein muss an der Meditation. Sie kommen nicht auf die Idee, dass der Fehler vielleicht bei ihrer Art der Anstrengung liegt. Sie sind dermaßen auf ihr Ziel fixiert, denken nur daran, endlich die höchste

Sammlung oder was sonst auch immer zu erreichen, dass die damit verbundene Anspannung ihnen einfach Kopfschmerzen bereiten muss.

Unsere Anstrengung ist an sich schon die Belohnung, die wir erstreben. Indem wir uns anstrengen, ernten wir den Lohn der Anstrengung: die Befriedigung darüber, dass wir es getan haben. Hinzu kommt, dass wir neue Kräfte hinzugewinnen. Wer sich körperlich in einer für ihn ungewohnten Weise anstrengt, wird mehr Muskeln bekommen. Der Körper gewinnt an Widerstandskraft. Er wird weniger schnell erschöpft und schwierigeren Aufgaben und Situationen gewachsen sein. Dasselbe trifft auch auf den Geist zu. Geht unser Bemühen auch nur ein wenig über das gewohnte Maß hinaus, fördern wir damit automatisch die Spannkraft des Geistes. Tun wir dies regelmäßig, bleibt der Geist voll entfaltet.

Das Gegenteil geschieht, wenn wir aufhören, seine Grenzen auszudehnen. Dann zieht er sich zusammen wie ein Gummiband, das man nicht mehr spannt. Wir müssen uns fortwährend bemühen, bis der Geist schließlich eine Spannkraft gewonnen hat, von der es keinen Rückfall in den alten Zustand mehr gibt: eine Spannkraft, durch die der Geist vollkommen geschmeidig, formbar und entfaltet bleibt, sodass er das Ganze sehen kann, anstatt nur jene winzigen Fleckchen des Universums, jene Stecknadelköpfe, die jeder von uns bewohnt.

Wir müssen uns beständig und regelmäßig bemühen. Es hilft nicht, wenn wir an einem Tag gar nichts tun, uns am nächsten Tag ungeheuer ins Zeug legen, den Tag darauf wieder nutzlos verstreichen lassen, uns in Selbstmitleid baden, erschöpft sind und unzufrieden. Das funktioniert nicht. Nur stetige Bemühung führt zum Ziel, Tag für Tag, Minute für Minute – und der Rückblick am Abend: »Habe ich mich wirklich bemüht? Ein wenig mehr gegeben als gestern? Eine Minute mehr? Fünf Minuten mehr? Ein Wort mehr? Zwei Wörter mehr?«

Ein oder zwei Wörter mehr am Tag summieren sich im Laufe der Zeit zu einem ganzen Text. Täglich eine Minute mehr Konzentration macht bald eine ganze Stunde aus. Das dauert nur zwei Monate! Eine Minute jeden Tag, und in zwei Monaten könnt ihr eine ganze Stunde länger in Sammlung verweilen! Das ist einfach, nicht wahr? Aber irgendwo ist ein Haken bei der Sache. Irgendwo müssen wir auf die Nase fallen. So ist es auch. Wir fallen auf die Nase, weil wir zu sehr auf angenehme Gefühle erpicht sind, hauptsächlich auf körperliche Glücksgefühle. Manchmal entstehen diese, manchmal nicht. Die Chancen dafür stehen schlechter als fünfzig zu fünfzig.

Es gibt nur drei Arten von Gefühlen: angenehme, unangenehme und neutrale. Die neutralen stehen den angenehmen näher als den unangenehmen, weil sie uns nicht leiden lassen. Unsere instinktiven Reaktionen haften an den angenehmen und versuchen, die unangenehmen zu vermeiden oder loszuwerden. Diese Auseinandersetzung ist die Hauptbeschäftigung des ungeschulten Geistes. So denkt er. Darauf ist er aus. Da sich Freude und Glück jedoch nicht ewig aufrechterhalten lassen, beschäftigt die Jagd danach den Geist bis zum Ende des Lebens. Und sie ist zudem das Bindeglied und die Ursache für die nächste Wiedergeburt.

Dem Glück nachzujagen ist wirklich ein vollkommen sinnloses Unterfangen. Je früher wir uns dies vergegenwärtigen, desto besser für uns. Je früher wir einsehen, dass wir nichts anderes tun, und lernen, es hier und jetzt loszulassen, desto eher dürfen wir mit Recht von uns behaupten, dass wir *Dhamma* praktizieren.

Aber es gibt auch angenehme Gefühle, die durch und durch

gesund sind. Sie fließen uns aus unserer inneren Stärke zu, die ihrem Wesen nach innere Freude ist. Innere Freude erwächst uns aus dem Wissen, dass wir uns völlig hingegeben, wirklich unser Bestes gegeben haben: dass wir uns in die Praxis hineingegeben haben, die zur Erleuchtung führt. In was sonst sollten wir uns auch hineingeben? Es gibt darüber hinaus nichts, was wir auf dieser Welt Sinnvolles tun können. Alles andere ist nebensächlich.

Was wir auch tun, es kommt darauf an, *wie* wir es tun. Es ist völlig gleich, ob wir ein Buch schreiben oder Karotten schneiden. Wirklich, es besteht dazwischen kein wesentlicher Unterschied. Die Welt mag dies nicht glauben. Die Leute meinen, Bücherschreiben wäre bedeutender als Karottenschneiden. Aber das ist ein Irrtum. Nicht *was* wir tun zählt, sondern *wie* wir es tun.

Wir machen unsere Sache richtig, wenn wir vollkommen achtsam, vollkommen dabei sind: wenn wir das »Ich« dabei loslassen. Das ist beim Karottenschneiden im Übrigen leichter zu erreichen als beim Bücherschreiben. Wichtig ist, dass nicht »Ich« etwas tue. Es muss etwas getan werden. Also wird es getan. Daneben gibt es keinen Maßstab, keinen Grund, überhaupt irgendetwas zu tun. Das »Ich« kommt nicht in die Quere, und wenn es in die Quere kommt, dann nur als der altbekannte Störenfried, der Aufsehen erregen und Wogen der Emotion aufrühren will, die niemanden glücklich machen.

Die Beobachtung unserer Reaktionen zeigt uns, dass sie vorprogrammiert sind. Betrachtet eure Reaktionen, und ihr werdet euer Programm durchschauen. Dann habt ihr nur noch einen Wunsch: »Wie komme ich hier bloß raus!« Es bestärkt nicht gerade das »Ich«, wenn ihr seht, wie sehr ihr vorprogrammiert seid. Ihr seht dann, dass ihr immer auf dieselbe alte Art und Weise reagiert, und diese Beobachtung ist für das »Ich« nicht gerade schmeichelhaft.

Instinkte programmieren uns. Wünsche programmieren uns. Das Haften an unserem Selbstbild programmiert uns. So sind wir vorprogrammiert! Die meisten Menschen glauben, dass sie alles im Griff haben, weil sie denken können, weil ihr Geist funktioniert. Das stimmt nicht. Keiner hat irgendetwas im Griff. Wir reagieren. Zu mehr sind wir nicht fähig. Sollte tatsächlich irgendjemand das Geschehen vollkommen im Griff haben, wie etwa ein *Arahat*, der bereits völlig erleuchtet ist, so würde niemand mehr unglücklich, besorgt, ängstlich oder verwirrt sein. Wer das Geschehen tatsächlich im Griff hat, würde solche schmerzlichen Erlebnisse doch nicht mehr zulassen, meint ihr nicht auch? Warum würde er dies wollen? Das wäre doch vollkommen verrückt, absurd. Aber das sind nur Spekulationen. Tatsache ist: Niemand hat das Geschehen in der Hand. Es gibt absolut keine Kontrolle, nur ein Programm, ein von Instinkten vorprogrammiertes Programm.

Betrachtet ihr dann dieses Programm, indem ihr euch um Achtsamkeit bemüht, werdet ihr erkennen, dass es eigentlich niemanden gibt, der reagiert, der mit diesem Programm operiert. Nur die Reaktionen selbst sind da. Mehr nicht: Reaktionsketten. Nach dieser Erkenntnis bleibt nichts mehr zu tun. Freude und Verdruss gleiten ab wie nach dem Tauchen das Wasser von den Federn einer Ente. Nur das Mitgefühl bleibt. Das Mitfühlen Buddhas mit Wesen, die Leid und Unbefriedigtsein (*Dukkha*) erfahren.

Um dahin zu gelangen, müssen wir uns anstrengen, täglich bemühen, Minute für Minute. Und dies schaffen wir nur, wenn wir immer ein bisschen mehr leisten als gestern, bis schließlich der ganze Tag erfüllt und getragen ist von freudigem Bemühen. Wir müssen nicht die Zähne zusammenbeißen und uns einreden: »Jetzt muss ich aber endlich etwas tun.« Nichts dergleichen. Ist einmal die richtige Motivation vorhanden, fällt uns dieses Bemühen nicht schwerer, als einen stecken gebliebenen Wagen wieder flottzumachen. Der erste Schub ist sehr, sehr schwer. Aber wenn sich die Räder dann einmal drehen, gehört kein großer Kraftaufwand dazu, dafür zu sorgen, dass sie sich weiterdrehen.

Niemand kann uns motivieren. Wir müssen uns selbst motivieren, und zwar richtig: »Ich will raus aus meinem *Dukkha*!« Das ist die richtige Motivation. Sie wird uns weiterbringen. »Ich hätte es gern nett und bequem« ist die falsche Motivation und außerdem von vornherein zum Scheitern verurteilt. Es geht nicht. Wir können uns nicht permanent wohlfühlen. Unmöglich. Es ist kein Saft, keine Kraft hinter dem Wunsch: »Ich will es nett und bequem haben.« Er trägt uns nicht. »Ich will raus aus meinem *Dukkha*« hingegen stellt einen starken Antrieb dar. Mit dieser Motivation wird aus unserem Bemühen unsere größte Freude. Wir wissen, dass wir auf etwas außerordentlich Bedeutsames hinarbeiten, und dies macht uns froh.

Wichtig ist, dass wir vollkommen achtsam bleiben, was auch immer wir tun, dass wir bewusst wahrnehmen, was dem Körper widerfährt, und somit Körper und Geist zusammenhalten, ohne Spaltung, ohne Trennung. Damit fördern wir unsere Meditation. Damit bleiben wir auf dem Pfad, auf dem wir die Täuschung abstreifen können. Wir sind dann nicht länger dem Irrtum aufgesessen, dass »wir« etwas tun, dass da ein »Ich« ist, das etwas tut. Was nicht heißt, es gäbe kein Tun mehr. Da findet auch weiterhin ein Tun statt, nur ist keiner da, der es tut.

Bis es so weit ist, zählt nur das Tun selbst, nicht das Ergebnis. Es zählt die Anstrengung, das Bemühen, das kleine bisschen mehr Leistung als gestern. Wir müssen uns vergegenwärtigen und klar erkennen, dass es nur eine richtige Richtung gibt: den

Entschluss, *Dukkha* hinter uns zu lassen. Es gibt nicht zwei Richtungen, in die wir gehen könnten. Nur eine.

Prüft euch selbst: »Woher kommt mein Leiden, mein *Dukkha*? Warum erfahre ich *Dukkha*? Was gefällt mir nicht? Woran reibe ich mich immer wieder?« Mit dieser Art Selbstbetrachtung und -befragung wird uns jeder Tag zur Freude. Sind wir auch nur einen einzigen Tag nicht froh darüber, dass wir leben, stimmt irgendetwas nicht in unserem Geist.

Jeder Tag gibt uns eine kostbare Gelegenheit. Die kostbare Gelegenheit ist die Bemühung, das Selbst zu überwinden. Bemühen wir uns jeden Tag darum, das Selbst zu überwinden, dann leben wir jeden Tag freudig. Ob das Wetter heiß ist, kalt, nass oder trocken; ob das Essen gut schmeckt oder schlecht, zu spät serviert wird oder zu früh, schwer verdaulich ist oder leicht, alles das ist egal, macht keinen Unterschied. Alles zielt nur noch auf eine Richtung ab: das Selbst überwinden.

Jeder muss für sich beurteilen, ob er Rechte Anstrengung verwirklicht. Niemand kann für den anderen sagen: »Du strengst dich nicht genug an.« Oder: »Du strengst dich zu sehr an.« Jeder von uns hat ein anderes Leistungsvermögen. Aber jeder hat auch die Pflicht, die Obergrenze seines Leistungsvermögens zu erkunden, anstatt auf der Untergrenze sitzen zu bleiben. Die Welt mag zwar nach dem Prinzip der Minimalleistung, dem Weg des geringsten Widerstandes funktionieren. Der geistige Weg funktioniert mit Sicherheit nicht so.

Körper und Geist hängen eng zusammen. Wir können dies gut am Beispiel der Meditation betrachten. Wenn wir meditieren wollen, müssen wir sitzen. Das ist eine körperliche Leistung. Wir können uns nicht locker am Boden lümmeln. Das würde der Meditation nicht gut bekommen. Was wir auch tun, Körper und Geist sind gemeinsam daran beteiligt, und

Achtsamkeit führt die beiden wirklich zusammen. Kommt uns der Gedanke: »Na ja, eigentlich mag ich gar nicht hier sitzen. Ich sollte besser etwas anderes tun«, so heißt dies, dass unser Geist abschweift.

Dieser Gedanke zeigt allerdings, dass wir den Zusammenhang von Körper und Geist nicht begreifen. Wenn Körper und Geist gemeinsam an allen Tätigkeiten beteiligt sind, brauchen wir nicht mehr zwischen dieser und jener Tätigkeit zu unterscheiden. Ob wir auf dem Kissen sitzen, ob wir arbeiten, ob wir etwas anderes tun, immer ist es eine Tätigkeit von Geist und Körper (*nāma-rūpa*). Unsere Aufgabe ist, dies bewusst zu erfahren.

Und weiter: In diesem Rahmen von Geist und Körper schwirrt eine Täuschung umher – das »Ich«. Und das »Ich« kommt uns ständig in die Quere. Schaut es euch an. Seht, wie es euch in die Quere kommt. Diese Beobachtung ist sehr hilfreich. Wenn ihr nämlich seht, wie das »Ich« euch dauernd einschränkt und behindert, werdet ihr es wahrscheinlich bald satthaben. Ihr kommt vielleicht darauf, dass es sich nicht auszahlt, dieses »Ich« immer um euch zu haben, denn es hört nicht auf, euch in Situationen zu manövrieren, in denen es euch schlecht ergeht.

Das »Ich« satthaben ist der erste Schritt, es loszulassen. Und dieser Schritt erfordert Anstrengung. Indem ihr euch in diese Anstrengung hineinbegebt, lasst ihr das »Ich« schon ein wenig los. Jedes Mal, wenn ihr euch ganz gebt, wird das »Ich« ein bisschen kleiner. Das ist überhaupt die Voraussetzung. Sonst könntet ihr euch nämlich gar nicht richtig hingeben.

Macht abends euren Tagesrückblick. Fragt euch: »Habe ich mich ein wenig mehr bemüht? Oder habe ich meine Zeit vergeudet? Habe ich ein Wort mehr im Gedächtnis behalten? Oder habe ich ein Wort vergessen? Wie ist der Tag gewesen?« Aber kommt nicht auf die Idee, euch zu beschimpfen. Keine Selbstvorwürfe, bitte! Selbstbeobachtung heißt nicht Selbstverdammung. Was zählt, ist der gute Vorsatz, wie am Silvesterabend, wenn das neue Jahr beginnt. Ein neuer Morgen, ein neues Leben. Ein neuer Vorsatz für das neue Leben, den neuen Tag.

Auf diese Weise gewinnt jeder Tag eine Heiterkeit, die ihn trägt. Er sackt niemals durch, gerät niemals völlig aus den Fugen. Kein Tag animiert uns mehr zu verzweifelten Stoßseufzern wie: »Oh, wenn der *Tag* doch bloß schon vorbei wäre!« Jeder Augenblick wird sinnvoll und nützlich verwertet. Nicht nur das: Jeder Augenblick schenkt Freude.

Ein freudloses heiliges Leben? Undenkbar! Das kann nicht gut gehen. Freude ist der aktive Bestandteil, sozusagen die Hefe im Teig. Ohne Freude kann sich das heilige Leben nicht zu voller Höhe entfalten. Also genießt jeden Augenblick – besonders die Anstrengung.

V

Ansichten und Meinungen

Der Edle Achtfache Pfad, die Blaupause des Weges zum *Nibbāna,* beginnt mit Rechter Erkenntnis, der vollkommen richtigen Sichtweise. Das ist auffallend und wert, dass man darüber nachdenkt. Was bedeutet Rechte Erkenntnis? Was für eine Art Sichtweise oder Einsicht ist das?

In einer Lehrrede (der *Brahmajāla Sutta*) zählt der Buddha zweiundsechzig Ansichten auf. Darin sind alle Ansichten enthalten, die überhaupt möglich sind. Mehr können wir nicht haben. Und: Sie sind allesamt falsch. Sie sind falsch, weil unsere Vorlieben und Abneigungen sie verfärben, weil sie vom Makel unserer Ich-Täuschung befleckt sind. Dies ist ein wichtiger Punkt. Wir dürfen ihn nicht vergessen.

Unsere Sichtweisen und Meinungen führen dazu, dass wir uns streiten, dass wir bestimmte Dinge nicht leiden können, dass wir böse werden, dass wir uns sorgen und ängstigen und uns Feinde machen. Und dies alles nur aufgrund von Meinungen und Ansichten, von denen jede einzelne falsch ist! Bevor wir Erleuchtung erlangt haben, gibt es für uns keine Rechte Erkenntnis, keine Sichtweise, die absolut richtig ist.

Dies bedeutet jedoch nicht, dass wir in unserem Leben nicht diese oder jene Entscheidung fällen dürfen, denn Entscheidungen müssen nicht unbedingt an eine unverrückbare Meinung gebunden sein. Ein Gesichtspunkt oder eine Meinung ist im Allgemeinen eine festgefahrene Art des Sehens, eine vorfabrizierte Vorstellung, mit deren Hilfe wir die Welt und einen individuellen Standpunkt in ihr begreifen. Wir können solche Standpunkte haben, müssen sie sogar haben, weil wir ohne sie funktionsunfähig wären. Darüber dürfen wir jedoch niemals vergessen, was sie sind: Sichtweisen, Meinungen. Als solche sind sie nicht die absolute Wahrheit.

Unter dieser Voraussetzung können wir andere Ansichten etwas leichter akzeptieren. Wir müssen uns nicht hinter unserem Standpunkt verschanzen und ihn bis zum letzten Blutstropfen verteidigen. Stattdessen sagen wir uns: »Nun gut, so sehe ich die Sache. Ein anderer sieht sie anders.« Die beiden Ansichten mögen einander entgegengesetzt sein. Was nicht heißt, dass wir über den Widerspruch des anderen wütend werden und unsere eigene Anschauung für richtiger halten müssen. Warum auch? Es sind ja beides nur Sichtweisen.

Dazu ein Beispiel: Vier Freunde gehen durch einen Wald. Sie machen gemeinsam eine Wanderung. Der eine ist Botaniker. Er hat stets Notizbuch und Bleistift in der Hand. Er ist ganz aufgeregt wegen der vielen Pflanzen, die er dort zu Gesicht bekommt, und notiert sich ihre Namen. Wenn er auf ein ihm bisher unbekanntes Gewächs trifft, zeichnet er es ab, um es später genauer bestimmen zu können. Der nächste ist Förster. Da im Sommer auf diesen Landstrich gewöhnlich kein Tropfen Regen fällt, denkt er einzig und allein daran, wo er zur rechten Zeit kleine Brände legen kann, um das Unterholz auszudünnen und so der plötzlichen Zerstörung durch einen großen Waldbrand vorzubeugen. Der dritte der Freunde ist Naturschützer. Er sieht, dass dieser Wald noch ganz unberührt ist, und denkt sofort daran, sich mit Eingaben an die richtigen Verwaltungsstellen zu richten, damit er auch für zukünftige Generationen in diesem Zustand erhalten bleibt. Der vierte und letzte Freund hat eine Viehzucht und betreibt Milchwirtschaft. Seine Gedanken gehen deswegen in eine ganz andere Richtung. Er sieht nur, welche Flächen man roden könnte, um möglichst viel Weideland zu bekommen. Der jetzige Zustand ist seiner Meinung nach nur eine Verschwendung von gutem Grund und Boden.

So haben sie also alle ein anderes Bild von dem Wald. Und jeder hält natürlich seine Sicht für richtig und vollkommen. Sonst würde er sie gar nicht haben. Würden sie ihre gegensätzlichen Meinungen offen aussprechen, ihre Freundschaft könnte daran zerbrechen und sich in Feindschaft verwandeln. Jeder hält seine eigene Sicht des Waldes für die richtige. Zweifellos: Dieses herrliche Grün muss auch zukünftigen Generationen erhalten bleiben. Zweifellos: Das Unterholz muss gezielt weggebrannt werden. Zweifellos: Am besten, man rodet so viel wie möglich und macht Weideland daraus. Jeder Standpunkt ist für sich vollkommen schlüssig. Es kann gar nicht anders sein.

Dabei gibt es noch Dutzende von anderen Möglichkeiten, den Wald zu betrachten, wie wir auch jeden anderen Aspekt des Daseins aus unzähligen Blickwinkeln erfassen können. Wir betrachten grundsätzlich alles von unserem eigenen Gesichtspunkt aus: vom Gesichtspunkt des Försters, Viehzüchters, einer Frau, eines Buddhisten, eines Senioren, eines Jugendlichen.

Kommen wir zu unseren vier Freunden zurück. Sie haben jeder ihren Standpunkt, und jeder dieser Standpunkte hat seine Vorzüge. Aber keiner sieht das Ganze. Sie haben jeweils nur eine Teilsicht, die ihnen zusagt, weil sie ihren Vorlieben und Abneigungen und ihrer besonderen Form der Ich-Identifizierung Rechnung trägt.

Die Ansicht, das Sehen eines Buddha dagegen ist vollkommen: *Samma Diṭṭhi*. Für sich allein bezeichnet *Diṭṭhi* (Meinung, Sichtweise, Ansicht) grundsätzlich eine verfälschte Sicht der Dinge. Das heißt aber: Mit Ausnahme der Rechten Ansicht eines Buddha ist jede Ansicht mit Fehlern behaftet, also falsch. Es gibt im Grunde keine andere gültige Ansicht als die Rechte Erkenntnis. Dies ist der erste Schritt auf dem Edlen Achtfachen Pfad – und gleichzeitig der letzte. Es ist der erste Schritt, weil er uns zum Pfad hinführt, und der letzte, weil er den erfolgreichen Abschluss unseres Übens kennzeichnet.

Gewöhnlich führt uns eine ganz bestimmte Einsicht zum Pfad. Wir erkennen, dass es erstens mit uns so nicht weitergehen darf und dass wir zweitens tatsächlich eine Alternative haben, dass wir etwas anderes tun können. Es liegt nicht an der Welt, wenn die Dinge nicht so sind, wie sie sein sollten. Dies ist die erste dunkle Ahnung von Rechter Erkenntnis. Sie ermöglicht den Eintritt in einen Weg geistiger Schulung. Rechte Erkenntnis ist ein Aspekt von Weisheit (*paññā*). Unsere Schulung umfasst drei Felder: *Sīla, Samādhi* und *Paññā. Sīla* ist sittlich einwandfreie Lebensführung. *Samadhi* ist Konzentration oder Sammlung. *Paññā* ist Weisheit. Gewöhnlich ziehen wir sie in dieser Reihenfolge in Erwägung. Der Edle Achtfache Pfad beginnt jedoch mit Weisheit. Wir brauchen ein gewisses Maß an Weisheit oder Einsicht, um überhaupt einen Anfang zu machen.

Karma, das Ursache-Wirkungs-Prinzip, ist ein anderer Aspekt von Rechter Erkenntnis. Alle Ursachen rufen Wirkungen hervor. Sie können geringfügige Folgen haben, glimpflich ausgehen. Die Konsequenzen können aber auch sehr weitreichend sein. Gute Gedanken bewirken gute Worte. Gute Worte führen zu guten Taten. Gute Taten lassen in unserem Herzen Genugtuung und Zufriedenheit wachsen. Damit ernten wir die unmittelbare Wirkung unseres *Karmas (vipāka).*

Genügsamkeit und Zufriedenheit gewähren uns den Zugang zu erfolgreicher Meditation. Wir können nicht meditieren, wenn wir Verdruss und Unzufriedenheit in unserem Herzen tragen. Die Meditation soll uns beglücken. Allerdings können wir gar nicht meditieren, wenn wir nicht wenigstens ein bisschen glücklich sind. Nur ein glücklicher und freudiger, nur ein zufriedener Geist kann das Denken loslassen. Deswegen hat das *Karma*, das wir produzieren, einen ungeheuren Einfluss auf unsere Meditation.

Mit jeder Entscheidung, jeder Wahl, die wir treffen, produzieren wir *Karma*. Im Wachzustand treffen wir fast permanent irgendwelche Entscheidungen. Einige sind nebensächlich. Andere haben durchschnittliche Konsequenzen. Das Leben besteht gewöhnlich aus Durchschnittsmomenten. Es zeichnet sich im Allgemeinen nicht durch eine Häufung von absoluten Hoch- und Tiefpunkten aus. Zumeist verläuft es in eher eintöniger Gleichförmigkeit. Wir stehen nicht permanent vor schweren, folgenreichen Entscheidungen.

Trotzdem sind auch unsere kleinen Entscheidungen wichtig. »Wie verhalte ich mich in dieser Situation? Wie reagiere ich auf diese Anforderung? Was fühle ich bei diesem Menschen? Wie gehe ich mit den gegebenen Umständen um? Was spielt sich gerade in meinem Geist ab? Ist es hilfreich? Ist es nützlich? Ist es heilsam?«

Von früh bis spät müssen wir solche oder ähnliche Entscheidungen fällen. Und diese Entscheidungen rufen entsprechende *Karma*-Wirkungen hervor. Auch wenn sie nicht unbedingt vernichtende Folgen haben, erzeugen sie doch Geisteszustände, die die Meditation entweder fördern oder nicht.

Für ein harmonisches, bewusstes Leben ist die Übung der Meditation unerlässlich. Wir müssen deshalb bedenken, dass jede kleine Entscheidung wichtig ist. Und wir müssen uns darüber im Klaren sein, dass es an uns selbst liegt: Wir haben die Wahl. Wir dürfen nicht ewig die Sklaven unserer Emotionen oder an unsere Reaktionen gefesselt bleiben. Unser *Karma* ist unsere Entscheidung.

Aber wir haben im Rahmen unseres *Karmas* nur einen bestimmten Spielraum. Wir können nicht völlig frei und x-beliebig entscheiden. Wir können unseren Spielraum jedoch erweitern, und zwar dadurch, dass wir uns geschickt entscheiden. Damit erschließen wir uns immer mehr Möglichkeiten.

Wollen wir den Erfolg unserer Meditation gewährleisten, müssen wir den ganzen Tag über wach und präsent sein, ganz gleich was wir denken oder tun. Rechte Erkenntnis geht davon aus, dass wir selbst Eigentümer und Erben unseres *Karmas* sind. Ferner geht sie davon aus, dass keine individuelle Sichtweise jemals absolut richtig sein kann. Natürlich können wir Ansichten haben. Aber wir müssen uns zu der Einsicht durchringen, dass diese Ansichten falsch sein könnten. Mit dieser Einstellung unseren eigenen Ansichten gegenüber sind wir offener und toleranter, wenn andere uns ihre sagenhaften und fantastischen Ansichten schildern. Das ist der Beginn des Pfades.

Der Pfad führt zu der korrekten Einschätzung jener Wesenheit, die wir meinen, wenn wir »Ich« sagen, jener Wesenheit also, die alle diese Probleme, Schwierigkeiten, Freuden, Vergnügungen, Ambitionen, Hoffnungen, Wünsche und Erinnerungen hat. Wir gelangen zu der Einsicht, dass sich dieses »Ich« aus verschiedenen Vorstellungen und Empfindungen zusammensetzt; erkennen ferner, dass unsere jetzige Sicht dieses »Ich« niemals vollkommen sein kann, weil sie stets mit Fehlern behaftet ist. Um unserem Herzen Frieden schenken zu können, muss sich die Rechte Erkenntnis notwendigerweise von unserer bisherigen Sichtweise unterscheiden.

Aus diesem Grund müssen wir meditieren. Wir brauchen eine Art der Meditation, die zu diesem Ziel führt. Von höherer

Warte aus betrachtet, mag diese Zielorientierung keine besonders glückliche Ausdrucksweise sein. Aber wir haben keine besseren Worte.

Wie dem auch sei, unsere Meditation muss gelingen, weil wir einen ruhigen und geschulten Geist benötigen, der sich aus den Mustern seines alten Selbstverständnisses herauslösen kann. Nur so werden wir auch uns selbst neu verstehen lernen.

Jeder hat bestimmte Vorstellungen von sich, glaubt zu wissen, wozu er fähig ist und wozu nicht, was seine Hauptvorzüge und Hauptschwierigkeiten sind. Aber das sind alles nur Anschauungen, begrenzte Sichtweisen. Keine davon ist fundamental, keine absolut wirklich. Trotzdem sind diese Sichtweisen in der relativen Wirklichkeit, in der wir nun einmal leben, mehr oder weniger wahr. Aber nicht in einer Wirklichkeit, die absolut ist, die allem, was wir sind, zugrunde liegt. In dieser absoluten Wirklichkeit bleiben sie bedeutungslos.

Wir können nur eine gesunde Einstellung zu uns selbst haben. Wir finden zu ihr, wenn wir die totale Wandelbarkeit aller konditionierten Dinge begreifen. Es gibt nichts, an dem wir festhalten könnten. Alles ist Manifestation, was Geist und Körper angeht, in ständigem Wandel begriffen. Jeder von uns setzt sich aus den sogenannten Vier Großen Elementen (Feuer, Erde, Wasser, Luft) zusammen … und ist doch zugleich eine Wesenheit ohne Wesenskern.

Der Intellekt kann diese Rechte Erkenntnis nicht begreifen, der Geist sie nicht akzeptieren, es sei denn, unsere Meditation ist so weit gediehen, dass unser Glück und unser Frieden nicht mehr von äußeren Umständen abhängen. Nur ein zufriedener, in sich ruhender Geist wird diesen neuen, radikal anderen Standpunkt akzeptieren können. Ergötzt der Geist sich noch an seinen Schwierigkeiten, wie sollte er sich dann mit der Erkenntnis anfreunden können, dass da eigentlich gar keiner ist, der diese Schwierigkeiten hat?

Wollen wir zu dem Punkt gelangen, an dem unsere Sichtweise absolut, das heißt vollkommen wird, wie der Buddha es lehrt, anstatt weiterhin im Relativen zu dümpeln, müssen wir *Karma* richtig einschätzen und verstehen. Wir müssen jeden Augenblick wachsam sein, beobachten, damit wir eine Art *Karma* hervorbringen, die unserer Meditation eine Aussicht auf Erfolg gibt.

Wir können die Lehren Buddhas von zwei Seiten betrachten: von der relativen und von der absoluten Seite. Aus relativer Sicht muss sich jeder Einzelne sehr angestrengt um einen Zustand geistiger Sammlung und Vertiefung bemühen. Aus absoluter Sicht ist niemand da, der sich bemühen könnte. Verwechselt diese beiden Sichtweisen niemals miteinander.

Wir brauchen das relative Verständnis, unbedingt sogar. Nur mit seiner Hilfe gelangen wir zu absolutem Verstehen. Das relative Verständnis ist die Wirklichkeitsebene, auf der »ich« mich bemühe, auf der »ich« versuche, etwas zu erreichen. Solange »ich« dies nicht wirklich versuche, bleibt der Zugang zu absolutem Verstehen verschlossen. Wir können uns nicht zur höheren Ebene des Bewusstseins emporschwingen, solange wir nicht die niedere Ebene völlig absorbiert und uns vorbehaltlos bemüht haben.

Am Anfang hat Rechte Erkenntnis eine relative Wirklichkeit. Sie schenkt uns die Einsicht, dass wir an uns arbeiten, uns verändern können, dass wir *Karma* und seine Wirkungen wahrnehmen und um die Relativität aller Ansichten wissen. In diesem Sinn ist keine Anschauung wirklich perfekt. Jeder hat eben seine ganz bestimmten Ansichten und Meinungen. Mit der Übung des Edlen Achtfachen Pfades gelangen wir dann zu absolutem Verstehen, der absoluten Rechten Erkenntnis.

Mit Rechter Erkenntnis geht Rechte Absicht einher. Sie ist ein weiteres Element des Edlen Achtfachen Pfades und ein bedeutsames dazu. Ohne die richtige Motivation, eben die Rechte Absicht, kann es keinen Weg spiritueller Schulung geben. Zu Beginn werden unsere Absichten vielleicht falsch und eher fragwürdig sein. Wir kommen aus den falschen Gründen an einen Ort geistiger Schulung. Das ist nicht weiter schlimm. Auch zu Lebzeiten Buddhas hat es dies schon gegeben. Im Laufe der Praxis werden sich unsere Absichten schon noch verändern: Sie werden sich Rechter Absicht nähern und mit ihr verschmelzen. Aber dazu müssen wir uns anstrengen. Unser Bemühen muss unsere Absichten mit Leben erfüllen.

Der Buddha hatte einen Vetter, Nanda. Dieser Vetter war sich lange Zeit unschlüssig, ob er Mönch werden oder heiraten sollte. Einerseits fühlte er sich zum mönchischen Leben hingezogen, denn sein berühmter Verwandter, der Buddha, war ja ebenfalls Mönch. Andererseits zogen ihn seine persönlichen Neigungen eher in Richtung Ehe. Seine Eltern hatten das ewige Hin und Her schließlich satt. Sie handelten. Sie suchten ihm eine Braut und setzten einfach den Tag der Hochzeit fest. Der Buddha war als Ehrengast ebenfalls eingeladen. Nach dem Mittagsmahl sollte die Ehe geschlossen werden. Bevor es dazu kam, sprach der Buddha Nanda an: »Folge mir. Ich möchte, dass du meine Almosenschale für mich zum Kloster trägst.«

Nanda konnte diese Bitte schlecht abschlagen, denn der Buddha war das geachtetste Mitglied der gesamten Sippe und obendrein der Ehrengast. Auch wenn er eigentlich keine Lust dazu hatte, trottete Nanda doch hinter dem Buddha her und trug die Almosenschale zum Kloster. Dort bat der Buddha ihn, sich einen Augenblick hinzusetzen. Nanda erwiderte, das ginge nicht, er wäre in Eile. Der Buddha fragte, warum. »Ich heirate heute. Das weißt du doch. Du warst ja selbst bei dem Festessen dabei.« Darauf der Buddha: »Warum willst du heiraten? Was ist so bedeutsam daran?« Nanda erwiderte: »Oh, diese Frau ist wirklich eine Schönheit. Ich liebe sie und will sie heiraten, unbedingt.« Dazu meinte der Buddha: »Wenn du hier im Kloster bleibst und nach meinen Anweisungen übst, kannst du fünfhundert Frauen haben, die obendrein noch viel schöner sind als deine Braut.« Nanda skeptisch: »Wirklich? Stimmt das auch?« Der Buddha bejahte. So blieb Nanda bei ihm, um zu üben. Gelegentlich ging er nach einer gewissen Zeit der Klausur zum Buddha und erkundigte sich: »Was ist nun mit den fünfhundert schönen Frauen, die du mir versprochen hast?« Der Buddha entgegnete ihm daraufhin stets: »Ich habe dir gesagt, dass du dahinter kommen wirst, was es mit diesen Frauen auf sich hat, wenn du nur genügend übst. Also geh und übe weiter.« Nanda folgte diesem Rat. Er übte beharrlich, wurde erleuchtet und war nicht länger an fünfhundert schönen Frauen interessiert.

Was aber hatte es mit dem Versprechen auf sich, dass der Buddha Nanda gab? Nun, er hatte seinem Vetter versichert, dass dieser mit der Zeit fähig sein werde, den Götter-Bereich zu besuchen und die Göttinnen zu sehen, die sehr viel anmutiger sind als jede Frau der Erde. Einzige Voraussetzung dafür war, dass Nanda gründlich übte. Das ist zwar keine schickliche Absicht für einen Eintritt in den Mönchsorden, war jedoch die einzige Verlockung zum geistigen Weg, bei der Nanda wirklich Feuer fangen würde. Sie entsprach seinem Charakter, den er dann durch kontinuierliches Üben wandelte. Am Anfang seiner Praxis stand zwar keine lautere Absicht, aber selbst die falsche Absicht führte zum richtigen Ergebnis.

Rechte Absicht muss sich mit ernsthaftem Bemühen um die Praxis verbinden, die ihrerseits alle Facetten des Daseins einschließen sollte, den Alltag nicht weniger als die Perioden formaler Meditation. Rechte Erkenntnis und Rechte Absicht bilden zusammen den Weisheitsaspekt des Edlen Achtfachen Pfades, der am Anfang unseres Weges steht. Wir brauchen ein gewisses Maß an Weisheit, um überhaupt zu diesem Pfad zu kommen. Diese Weisheit mag relativ sein. Trotzdem brauchen wir sie. Sonst fangen wir gar nicht erst an.

Ansichten und Meinungen bedeuten noch in anderer Hinsicht Gefahr für den Geist: Sie verhärten ihn. Der Buddha hat einmal vier Kategorien möglicher Schüler unterschieden und ihre Verschiedenheit anhand eines Bildes verdeutlicht. Die erste Kategorie gleicht einem Tongefäß, dessen Boden völlig durchlöchert ist. Ganz gleich, wie viel Wasser man hineingießt, es läuft sofort durch. Wenn ein solcher Schüler etwas vom *Dhamma* hört, bleibt nichts davon hängen. Es geht zum einen Ohr hinein und zum anderen wieder heraus. Die zweite Kategorie gleicht einem Tongefäß, das einige Sprünge aufweist. Ihr gießt Wasser hinein, aber es sickert langsam, aber sicher durch die Ritzen. Ihr schüttet das *Dhamma* in ein Ohr, und er sickert langsam und gemächlich wieder zum anderen Ohr heraus. Die dritte Kategorie gleicht einem randvoll gefüllten Tongefäß. Solche Schüler stecken bis über die Ohren in ihren Ansichten und Meinungen. Es ist vollkommen sinnlos, ihnen irgendetwas zu sagen, weil sie schon alles ganz genau wissen. Nur eine Art von Gefäß ist nützlich: Es hat keine Löcher, keine Sprünge, und es ist leer. Damit ist die vierte Kategorie möglicher Schüler beschrieben.

Leersein ist nicht wertlos. Nur wenn unser Geist leer geschöpft ist, leiden wir nicht mehr unter Spannungen, Sorgen und Ängsten – nur dann sind wir wirklich offen genug, das *Dhamma* in uns zu erkennen. Was dazu führt, dass wir alle vorgefertigten Meinungen aufgeben. Gewöhnlich bestätigen wir uns dauernd unsere Kenntnisse: »So ist die Welt. Ich kenne sie seit langer Zeit. Ich habe genug Erfahrung mit ihr gesammelt. Ich verstehe sie durch und durch.« Alles schön und gut, aber was nützt uns diese Kenntnis, dieses Verständnis, wenn es uns nicht wirklich glücklich macht? Besser ist, wir lassen einfach los, machen uns leer, werden zu einem geeigneten Gefäß für das *Dhamma*, das universale Gesetz, die Wahrheit, die Lehre. Nehmen wir solchermaßen das *Dhamma* in uns auf und tragen es in uns, wird sich unsere Lebenshaltung grundlegend wandeln. Sie wird sich zu Rechter Erkenntnis entwickeln.

Leerheit des Geistes bedeutet, dass wir nicht anhaften. Gewöhnlich hängen wir an unseren Vorstellungen und Gedanken, halten sie fest. Dies ist der Meditation abträglich. Es führt dazu, dass wir uns beim Meditieren in Gedanken verheddern. Wir haften einfach zu sehr an ihnen. Wir hängen an unseren Gedanken, an unseren Vorstellungen. Wir halten sie für wertvoll. Aber habt ihr beim Meditieren jemals festgestellt, wie wertlos Gedanken eigentlich sind? Keiner dieser Gedanken hat irgendeinen tieferen Sinn.

Ein Weg zur Erleuchtung ist die sogenannte Bedingungslose Befreiung. Bedingungslose Befreiung bedeutet, dass wir uns einer fundamentalen Tatsache bewusst sind: Nichts ist wirklich bedeutsam. Nirgendwo ist ein feststehendes Merkmal, ein unveränderliches Kennzeichen, zu finden. Was auch existiert, es hat keine solche Bedingung.

Nichts ist so bedeutend, dass wir es unbedingt im Geist behalten müssten. Was könnte wichtig genug dafür sein? Denkt einmal darüber nach: Ist der eigene Name vielleicht wichtig genug? Aber darüber brauchen wir uns wahrscheinlich ohnehin nicht zu sorgen. Wir werden ihn schon nicht vergessen. Außerdem verändert er sich bei uns Frauen wahrscheinlich zumindest einmal im Leben. Meiner hat sogar schon viermal gewechselt. Was ist also so wichtig und bedeutend, dass wir es um jeden Preis im Geist speichern müssten?

Wenn nichts darin ist und die Sicht verbaut, kann der Geist die Dinge ganz neu sehen. Betrachtet ihr einen Baum unter dem Gesichtspunkt einer bestimmten festgelegten Vorstellung, seht ihr nichts anderes als eben diese Vorstellung, die ihr schon kennt. Ihr seht den Baum nicht so, wie er ist. Sobald ihr mit einem Menschen über längere Zeit vertraut seid, werdet ihr eine vorgefasste Meinung über ihn haben. Ihr seht ihn eigentlich gar nicht. Das ist eine verbreitete Unsitte.

Wie auch im Fall des Baumes. Vielleicht denkt ihr, dass Bäume gut sind, weil sie Sauerstoff produzieren. Oder ihr denkt, dass sie nicht gut sind, weil alle möglichen Insekten in ihnen brüten. Oder ihr haltet sie für wertvoll, weil sie Schatten spenden, Früchte tragen und so weiter. Oder ihr mögt sie nicht, weil ihr eure Blumen nicht dort pflanzen könnt, wo ihr sie gern pflanzen würdet, weil diese Bäume da im Weg sind. Wie dem auch sei, eines ist sicher: Ihr seht nicht, was eigentlich da ist.

Leerheit macht den Geist frei. Die vorgefassten Meinungen verschwinden, und wir sehen die Welt mit neuen Augen, frisch und unverbraucht. Sie sieht vielleicht plötzlich ganz anders aus. Sie kann sich nicht verändern, solange wir an der alten Sichtweise festhalten, das alte Muster weiterspinnen, uns in den alten Gleisen bewegen. Der Geist bleibt immer im gleichen Trott. Er hängt in derselben Spur fest, und darin dreht er sich endlos weiter.

Sehen wir die Dinge dagegen unvoreingenommen, mit neuen Augen, erkennen wir vielleicht, dass sie gar nicht das sind, für das wir sie immer gehalten haben. Alles ist beständig im Fluss, in Bewegung. Blicken wir aus einem fahrenden Zug in die Landschaft hinaus, haben wir manchmal den Eindruck, dass sie sich bewegt, dass sie an uns vorbeifliegt. Das ist eine Täuschung. Nicht die Landschaft, sondern der Zug bewegt sich. Aber wir sehen es nicht so.

Jetzt, in diesem Augenblick, geht es uns nicht anders. Wir sitzen hier wie in einem Zug. Der Zug unseres Lebens rast dahin. Aber wir, so glauben wir, stehen auf der Stelle. Wir, so glauben wir, bewegen uns nicht. Die Täuschung könnte vollständiger nicht sein.

Betrachten wir die Dinge im Kreis unserer Wahrnehmungen – ja, wir selbst gehören auch zu diesen Dingen! – dagegen einmal unvoreingenommen, das heißt nicht aus der Perspektive unserer eingefahrenen Wahrnehmungsstrukturen, können wir der Absoluten Wirklichkeit und damit Rechten Erkenntnis durchaus ein Stück näherkommen. Rechte Erkenntnis ist keine Sichtweise, keine Ansicht. Sie gleicht eher unmittelbarem Erleben: einem ungefilterten Schauen.

Und dies hat der Buddha uns gelehrt. Unmittelbares Erleben, nicht blinden Glauben. Wenn wir etwas sagen, so sprechen wir zumeist über unsere Ansichten und Meinungen. Mit direkter Erfahrung hat das herzlich wenig zu tun. Nur wenn wir von einem Moment der Vergegenwärtigung absoluter Wirklichkeit sprechen, kommen wir der Wahrheit ein wenig näher, unabhängig von ihrer Form, von ihrer konkreten Gestalt.

Sprechen wir hingegen über das, was wir denken und meinen, dann reden wir nur über unsere Sichtweisen und Meinungen. Je mehr wir davon mit uns herumschleppen, desto geringer ist die Wahrscheinlichkeit, dass wir meditieren und die Welt so sehen können, wie sie tatsächlich ist.

Wir sollten niemals vergessen, dass das Auge nur Farben und Formen sieht, das Ohr nur Töne hört. Alles, was darüber hinausgeht, ist Beiwerk, das der Geist erst später hinzufügt.

Was wir sehen und hören besitzt keine absolute Wirklichkeit, und doch prägt es unser Leben, stößt uns in eine bestimmte Richtung. Beobachtet einmal selbst, wie dies geschieht.

Nehmen wir an, ihr hört einen Vogel zwitschern oder einen Hund bellen. Was hört ihr da? Eigentlich nur Töne, Klangschwingungen. Aber indem ihr sie hört, meldet sich sofort der Geist zu Wort und sagt: »Da bellt ein Hund. Mir wäre lieber, er würde endlich Ruhe geben. Ich möchte nämlich ungestört meditieren.« Oder: »Gott sei Dank haben wenigstens wir hier keine Hunde, und Katzen bellen ja glücklicherweise nicht.« Was immer sich dergleichen abspielt, es sind nur Geistestätigkeiten. Das Ohr hört sie nicht. Aber der Geist springt sofort hinzu und gibt seine Kommentare.

Das Auge sieht Formen und Farben. Was macht der Geist? Er interpretiert sie anhand seiner Wahrnehmungsstrukturen, zum Beispiel, indem er sich an Erinnerungen orientiert. An der Wahrnehmung halten wir dann fest. Wir greifen danach. Wir deklarieren sie zu »unserer Wahrnehmung«, die, allein schon weil sie die »unsrige« ist, selbstverständlich auch die »richtige« sein muss.

Schaut. Was habe ich hier in meiner Hand? Einen Wecker natürlich. Das sieht doch jeder. Wirklich? Sieht es wirklich jeder so? Ein Kleinkind könnte darin zum Beispiel einen Bauklotz vermuten. Das Kleinkind nimmt etwas anderes wahr, weil seine Wahrnehmung auf anderen Voraussetzungen beruht, von einer anderen Entwicklungsstufe ausgeht. Das heißt aber, dass ich mich selbst und die Welt nicht unbedingt richtig wahrnehme. Ich erfahre nur Wahrnehmungen, und diese können so fehlerhaft sein wie alle anderen Erklärungen und Interpretationen unserer Sinneskontakte. Was immer auch da ist, es ist nicht unbedingt das, was es zu sein scheint. Dies sollten wir uns unbedingt merken.

Alle Standpunkte und Sichtweisen sind nur, was sie sind, nämlich Standpunkte und Sichtweisen. Ist Absolute Wirklichkeit einmal durchdrungen, ist damit zugleich erkannt, dass die ganze Welt – und wir in ihr – etwas anderes ist, als sie zu sein scheint.

VI

Unwissenheit

Unwissenheit bedeutet nicht, dass wir nicht das kleine Einmaleins beherrschen. Unwissenheit hat eine andere Bedeutung. Sie zeigt an, dass wir die Vier Edlen Wahrheiten ignorieren. Unwissenheit ist der Beginn des Rades von Geburt und Tod (*saṃsāra*). Dieses Rad bringt uns immer wieder zurück, sich ewig wiederholend, unendlich monoton und ermüdend. Die Vier Edlen Wahrheiten sind die Radnabe, der Dreh- und Angelpunkt des Rades der Lehre, das der Buddha in Gang gesetzt hat. Sie sind sein Mark, sein Kern, sein innerstes Wesen. Sie zu ignorieren heißt: das Wesentliche ignorieren.

Kann sein, dass wir gern etwas über die Entwicklung hören, die zur Erleuchtung führt. Kann sein, uns gefällt der Gedanke, nicht jeder verbalen Unfreundlichkeit mit einer ähnlichen Unfreundlichkeit zu begegnen. Kann sein, dass wir uns gern in der Vorstellung wiegen, in irgendwelchen Glückseligkeitsgefühlen schwelgen zu können, wenn wir nur lange genug meditieren. Nun, das ist alles nicht falsch. Der Buddha hat dies gelehrt. Kann sein, dass wir gern über Güte, Hilfsbereitschaft oder Großzügigkeit nachdenken. Auch darüber hat der Buddha gesprochen. Auch dies gehört zur Lehre.

Solange wir allerdings den wichtigsten Punkt, das Zentrum, die Mitte, ignorieren, tasten wir uns nur vorsichtig am Rand der Lehre entlang. Wir knabbern scheu an der Kruste herum, anstatt herzhaft in die Lehre hineinzubeißen und wirklich zur Sache zu kommen. Ich glaube, wir wissen es genau, wenn wir dies tun. Das Wesentliche liegt offen da, offen vor uns ausgebreitet. Aber wir suchen uns nur ein paar kuriose Häppchen davon aus, die uns schmackhaft genug erscheinen, nicht gar so fürchterlich schwer verdaulich und auch unserer bisherigen Sichtweise nicht ganz und gar entgegengesetzt. Wir beginnen, uns hauptsächlich für diese Aspekte der Lehre zu interessieren. Anstatt uns auf das einzulassen, was der Buddha wirklich gesagt und gemeint hat, nagen wir verschämt und vorsichtig an der Kruste herum.

Diese Unsitte ist weit verbreitet. Wie schade! Sie verwässert die überzeugendste und heilwirksamste Lehre, auf die wir zurückgreifen können. Wohlgemerkt: Nicht die Heilkraft der Lehre an sich wird verwässert, sondern die Heilwirkung, die sie für uns haben kann. Sie kann uns nicht mehr erreichen.

Persönliche Macht ist keine Frage des Willens. Wir gewinnen sie nicht, indem wir uns Autorität verschaffen, schon gar nicht, wenn uns diese Autorität nicht aus freien Stücken übertragen wird. Persönliche Macht ist auch keinesfalls nur eine Folge materiellen Reichtums, obwohl Reichtum schon etwas damit zu tun haben könnte, denn er fällt niemandem einfach in den Schoß. Persönliche Macht entsteht vielmehr aus Klarheit: innerer Klarheit.

Wir werden diese Klarheit nicht gewinnen, wenn wir nur an der Kruste der Lehre herumknabbern. Dann bleibt immer ein Gefühl der Ungewissheit. Werden wir uns wirklich überwinden? Werden wir meditieren? Üben? Oder werden wir bei der nächsten Gelegenheit abspringen?

Unbefriedigtsein (*dukkha*) ist das Hauptmerkmal, der Stoff und Gehalt des Lebens im menschlichen Bereich. Mit einem anderen Bereich sind wir auf dieser Entwicklungsstufe nicht vertraut. Das Leben schenkt uns keine Erfüllung. Im Gegenteil, es wird permanent von Schwierigkeiten heimgesucht, zum Beispiel von zahllosen körperlichen Beschwerden. Jeder kann davon ein Lied singen, besonders wer in einem Land lebt, in dem das Klima den Körper hart belastet. Darüber hinaus bedrängen geistig-seelisch bedingte Schwierigkeiten (einschließlich emotionaler Probleme) das Leben. Diese besondere Spielart von *Dukkha* ist ebenfalls jedem bestens bekannt.

Geboren werden ist *Dukkha*. Es ist der Anfang von allem *Dukkha*. Gesetzt den Fall, wir können aus persönlicher Erfahrung (und nicht etwa, weil jemand dies sagt oder wir es in einem Buch gelesen haben) zustimmen, dass wir weder Frieden noch Erfüllung gefunden haben, was wollen wir dann noch? Was ist unsere Alternative? Welcher andere Weg steht uns vielleicht offen?

Die einzige Alternative ist: keine Geburt – Todlosigkeit, *Nibbāna*. Was für eine andere Möglichkeit könnte es auch geben? Ist es wirklich eine Alternative, das nächste Mal in einem besseren sozialen Stand geboren zu werden, mit mehr Geld, mehr Freunden, besserer Gesundheit, vielleicht auch etwas mehr Weisheit? Oder ist eine Wiedergeburt in einem Götterbereich die Antwort? Mancher mag das glauben. Wir haben ja nicht die geringste Vorstellung davon, wie das Leben dort ist. Wir nehmen einfach an, dass es bei den Göttern eben fantastisch sein muss, ganz einfach, weil die Kirschen in Nachbars Garten grundsätzlich besser schmecken als die eigenen. Nun, in diesem Fall ist dies zweifellos richtig. Die Götterbereiche sind in mancher Hinsicht überlegen. Vielleicht sollten wir also dorthin auswandern. Es ist in jedem Fall besser, als hier auf diese Erde zurückzukommen. Andererseits wissen wir, dass Geburt Leiden ist. Haben wir dies als Tatsache anerkannt, muss Geburt infolgedessen überall Leiden sein, ganz gleich in welchen Bereich wir hineingeboren werden.

Wie wird Nicht-geboren-Werden erreicht? Wie Todlosigkeit verwirklicht? Nicht geboren zu werden ist Ursache für Todlosigkeit. *Nibbāna* ist Todlosigkeit, weil es in *Nibbāna* keine Geburt mehr gibt.

Was auch immer geboren wird, es muss sterben. Daran führt kein Weg vorbei. Also: Nehmen wir an, es gäbe diese wunderbare Todlosigkeit, und erinnern wir uns zweitens, dass wir übereinstimmend festgestellt haben, Geburt sei Leiden, dann müssen wir uns doch fragen, ob es neben dem Pfad der Todlosigkeit überhaupt noch einen anderen Weg gibt, der sinnvoll wäre.

Es reicht also nicht, mehr oder weniger untätig herumzusitzen, ein paar Krümel von der Kruste zu kosten und sich dabei einzureden: »Nun gut, ich werde diese oder jene Meditation ausprobieren.« Oder: »Ich habe zwar noch keine meditative Sammlung verwirklicht, aber irgendwann wird einmal etwas von der verheißenen Glückseligkeit auf mich abfallen.« Oder: »Bestimmt werden mir die Knie beim Sitzen eines Tages nicht mehr so höllisch wehtun.« Oder: »Ich werde mir eine Auswahl von Buddhas Lehren zu Herzen nehmen, damit ich mich ein wenig positiv ändern kann.« Solche Vorsätze helfen uns nicht weiter. Das Herz muss sagen: »Hier stehe ich, ich kann nicht anders!« Allein dies ist genug. Aber wie kommen wir in unserem Leben zu dem Punkt, an dem wir mit aller Überzeugung sagen können, dass es für uns keinen anderen Weg gibt, als Todlosigkeit zu erreichen?

Genug *Dukkha* führt mit Sicherheit zu dieser Überzeugung. Natürlich will ich dies keinem von euch wünschen: genug *Dukkha*, eine kräftige Dosis Leiden. Aber wenn ihr es dann einmal erfahren habt, werdet ihr vielleicht im Nachhinein erkennen, dass es wirklich eine Umkehr bewirkt hat. Aus dem Leben Buddhas sind uns viele Begebenheiten überliefert, in denen *Dukkha* die Umkehr bewirkte. Besonders Frauen waren davon betroffen. Sie hatten damals keine andere Wahl, wenn sie ihre Familie, die Menschen verloren hatten, die sie liebten. Das Leiden führte sie zum Pfad.

Wir haben vielleicht zu viele Ausweichmöglichkeiten. Wir können zum Beispiel an den Strand gehen und das Meer genießen. Wir können eine Reise machen, nach Indien, an die Riviera oder wohin auch immer. Wir können einen neuen Freund, eine neue Freundin finden. Wir können chinesisch essen gehen. Und so weiter.

Wenn ihr dann einmal näher untersucht, was für eine Art von Erfahrung diese Alternativen zum geistigen Weg darstellen, werdet ihr sehr schnell sehen, dass sie alle ihrem Wesen nach Sinneskontakte sind, nichts weiter. Ihr müsst dies klar erkennen. Ansonsten wird der Pfad immer unsicher bleiben. Ihr werdet ewig schwanken. Es gibt einen Zen-Spruch: »Wenn du gehst, dann geh. Wenn du rennst, dann renne. Aber, um Himmels willen: Schwanke nicht!«

Was ihr auf diesem Pfad auch unternehmt, achtet darauf, dass ihr wirklich auf ihm bleibt, dass ihr wirklich geht: aufrecht, fest, zuverlässig und stetig. Alles andere sind Sinneskontakte. Der Buddha hat bei vielen Gelegenheiten vor der Gier nach ihnen gewarnt. Überprüft es selbst. Findet für euch selbst heraus, ob die Ermahnungen berechtigt sind oder ob der Buddha und der Ehrwürdige Sariputta nur so daherreden, uns interessante Geschichten erzählen, von denen wir vorher noch nie gehört haben. Oder sagen sie vielleicht die Wahrheit? Erklären sie die Dinge und Zusammenhänge so, wie sie tatsächlich geschehen?

Dem Pfad folgen wir in uns. Sicher, der Buddha hat irgendwann einmal als Mensch gelebt. Aber jetzt ist er nicht mehr hier. Das

Dhamma jedoch kann eine lebendige Präsenz sein, allerdings nur, wenn wir es in uns erschauen. Niemals kann das *Dhamma* in einem Buch oder in den Worten eines anderen Menschen für uns leben. Er muss in uns selbst zum Leben erwachen. Deshalb überprüft bitte alles, was ihr hört. Stimmt es tatsächlich, dass alle meine Freuden, mein ganzes Glück von Sinneskontakten her rühren? Ist aller Verdruss tatsächlich entweder auf den Mangel von Sinneskontakten oder den Sinneskontakt mit ungeliebten Objekten zurückzuführen?

Wir können uns entscheiden: entweder für angenehme Sinneskontakte oder für die Verlässlichkeit des Pfades, der uns aus Geburt, Alter, Krankheit und Tod herausführt und damit vom Leiden befreit. Diese zwei Optionen haben wir.

Es sagt im Übrigen sehr viel über uns aus, dass sich die meisten für die erste und nur sehr wenige für die zweite Möglichkeit entscheiden. *Dukkha* ist eine Chance, denn Leiden kann uns dazu bringen, uns für die Verlässlichkeit des Pfades zu entscheiden. Gibt es vielleicht noch einen anderen Zugang, der uns ebenso sicher dem Gewahrsam eines Weges geistiger Schulung anvertraut?

Vielleicht Einsicht. Ein gesundes Urteilsvermögen kann uns dazu bringen, den Weg zu wählen, der uns aus *Dukkha* herausführt. Mit dieser Einsicht durchschauen wir unsere Situation, schätzen unsere Möglichkeiten richtig ein und sagen uns: »Genauso ist es. Ich werde es ausprobieren.« Dazu ist keine ausgefallene innere Vision, irgendein besonderes Erlebnis notwendig. Man braucht nicht mehr als genug Urteilsvermögen, um einzusehen, dass der Pfad etwas Wahres ist und man diese Wahrheit deshalb gern in sich selbst entdecken würde.

Darüber hinaus gehört Mut dazu. Wir müssen eine gehörige Portion Selbstvertrauen besitzen. Fest steht: Wer dem Pfad folgt, der aus allem *Dukkha* herausführt, muss eine Menge Bindungen und sehr viele Schutzsysteme hinter sich lassen, die ihm im normalen Leben Rückhalt geben. Das erfordert Mut. Wir lassen zurück, was wir selbst noch vor kurzem für Erfüllung und Glück hielten und was von der Mehrheit der Menschen immer noch als solches gepriesen wird. Wir müssen den Mut besitzen, damit zu brechen und ganz für uns allein zu stehen. Was nicht heißt, dass wir unsere früheren Freunde nun unfreundlich behandeln oder unserer Familie mitteilen müssten, dass wir sie nie wieder sehen wollen. Wirklich, nichts dergleichen. Womit wir brechen, sind nur unsere eigenen Fesseln, unser Haften, unser Festhalten. Wir schauen in uns und sehen, dass uns nichts mehr zu tun bleibt, als dem Pfad zu folgen. Mit dieser Einsicht sind alle Energien und Prioritäten automatisch auf dieses Ziel gerichtet. Es leuchtet ein, dass sich der Erfolg nur dann einstellen wird, wenn alle unsere Energien und Absichten einsgerichtet sind. Nur nicht wackeln. Nur nicht schwanken. Wir können nicht nach der Methode verfahren: »Wenn ich jetzt noch etwas hiervon nehme und drei Elemente von jenem hinzufüge, habe ich vielleicht endlich die richtige Mischung gefunden.« Das funktioniert nicht. Unsere innere Lenkung und Unterweisung müssen vollkommen einsgerichtet sein. Damit fließen alle unsere Erfahrungen in das *Dhamma* ein. Angenehme, unangenehme und neutrale Erlebnisse sind nun Teil des *Dhamma*, Teil unseres Übungsweges.

Taucht eine unangenehme Empfindung auf, wissen wir sofort: »Dies ist eine unangenehme Empfindung, und ich reagiere darauf. Ich reagiere darauf, obwohl ich dies keineswegs muss. Ich könnte die Reaktion ebenso gut unterlassen.« Dies ist *Dhamma*. Darin schulen wir uns.

Indes, wir sind nur dann dazu fähig, wenn wir den Pfad zum

Schwerpunkt und zur Hauptaufgabe unseres Lebens machen. Legen wir den Schwerpunkt unserer Erfahrung hingegen auf Sinneskontakte, wird uns dies unmöglich gelingen. Wir können den Kuchen nicht essen und ihn gleichzeitig behalten. Wir können den Edlen Achtfachen Pfad und unsere Sinneswünsche nicht zu einem Paket verschnüren, das uns vollkommene Befriedigung garantiert und uns obendrein so gut wie nichts kostet. Das geht einfach nicht. Ganz im Gegenteil. Sobald wir wirklich Ernst machen, wird der Edle Achtfache Pfad uns mit aller Wahrscheinlichkeit einige zum Teil sehr unangenehme Sinneskontakte bescheren, weil mit ihm zwangsläufig Selbstdisziplin und Selbstbeherrschung einhergehen, die vor physischem Unbehagen nicht zurückschrecken.

Wir dürfen ebenfalls nicht damit rechnen, dass wir sofort Erfolg haben werden. Wir wissen, wohin wir gehen. Das bedeutet zwar nicht, dass wir bereits am Ziel angekommen wären, aber ist andererseits auch nicht schlecht. Wirklich zu wissen, wohin wir gehen, dies müsste uns eigentlich eine gewisse innere Ruhe schenken: »Ich weiß, wohin die Reise geht. Ich muss mich nicht länger mit irgendwelchen Entscheidungen oder Gedanken abquälen. Ich brauche mir keine Sorgen mehr zu machen, muss mich nicht fragen, ob dieses besser ist als jenes, ob ich lieber hierhin oder dorthin gehen soll. Ich brauche nicht zu befürchten, dass etwas, das ich erst später entdecken werde, sich als besser oder sinnvoller erweisen wird als der Weg, dem ich folge.« Wirklich, es gibt nichts, dass das Nachdenken lohnen würde – nur einen Weg!

Dies schenkt uns ein Gefühl der Sicherheit. Wir können uns auf eine hervorragende Autorität stützen, den Buddha. Wir brauchen nicht für uns selbst zu entscheiden: »Das ist richtig, jenes falsch.« Wir haben eine sichere Grundlage, auf der wir unser Leben aufbauen können. Könnten wir uns überhaupt noch mehr wünschen? Kann es eine größere Sicherheit geben? Wenn wir uns auf diese Grundlage einlassen, haben wir wahrhaft Zuflucht genommen.

Wir stellen unser Leben auf eine feste Grundlage: die Lehren Buddhas. Wir müssen nicht für uns selbst herausfinden, was für uns richtig ist. Diese Suche artet gewöhnlich zu einem großen Problem aus: »Wie finde ich nur heraus, was für mich richtig ist? Ich muss es endlich wissen, weil ich ein besonderer Mensch bin, ganz anders als alle anderen.«

Untersucht die Sache selbst. Wo liegt unsere Besonderheit? Welches besondere *Khandha* könnten wir haben? Es gibt fünf *Khandhas*: eines für den Körper und vier für den Geist. Es gibt vier Elemente und einunddreißig Körperteile. Irgendwo einer, der etwas anderes, etwas Besonderes an sich hat? Irgendwo einer mit dreiunddreißig Körperteilen? Oder mit vierunddreißig? Fünfunddreißig? Sechsunddreißig?

Nein, es gibt keine solchen Ausnahmen, keine Extrawürste oder Besonderheiten. Die Zen-Gruppe von Sydney in Australien hat ein Heft herausgebracht. Es heißt: *Nichts Besonderes*. Ein herrlicher Titel!

Es gibt nichts Besonderes. Niemand ist jemand Besonderes. Jeder ist wie jeder andere auch. Wir müssen nicht herausfinden, was für »uns«, für unser »Ich« richtig ist. Wir müssen nur eins entscheiden: »Will ich angenehme Sinneskontakte? Oder will ich, dass *Dukkha* ein für alle Mal ein Ende hat?« Dies ist die einzige Entscheidung, die wir fällen müssen.

Betrachtet ihr die Frage nach dem Sinn eures Lebens unter diesem Blickwinkel, werdet ihr sehr bald unzählige »Wenn und Aber« in euch aufsteigen fühlen. Untersucht sie. Prüft nach, ob sie den Lehren Buddhas standhalten können. Solche Prüfung ist unbedingt notwendig. Ohne sie verfallt ihr nur in blinden Glauben. Damit ist keinem gedient. Außerdem ist es schädlich.

Die Unwissenheit ist etwas weniger schlimm, sie lässt nach, wenn wir die Vier Edlen Wahrheiten endlich nicht länger übersehen, sondern in die Mitte unseres Lebens stellen, sie zu unserem Hauptbezugspunkt machen. Endgültig verschwinden wird sie natürlich erst mit der Verwirklichung der dritten Edlen Wahrheit, der Befreiung, dem *Nibbāna*, mit dem alles Leiden erlischt. Bis es so weit ist, können wir die Unwissenheit zumindest eindämmen, indem wir uns nicht länger permanent unwissend stellen, indem wir wichtige Beobachtungen nicht länger einfach ignorieren. Wir müssen unsere Situation klar verstehen, sodass wir mit Überzeugung sagen können: »Jawohl, so und nicht anders ist es. Ich werde mich auf diesen Pfad begeben und beharrlich dabei bleiben.«

Der Buddha hat uns sehr viele verschiedene Lehrreden hinterlassen. Sie dienen letztlich nur einem Zweck: Sie wollen uns helfen, auf dem Pfad zu bleiben. In einer Lehrrede zählt der Ehrwürdige Sariputta eine ganze Anzahl von Methoden auf, Rechte Erkenntnis zu entwickeln. Jede davon wird uns helfen, unsere Anschauung zu vervollkommen.

Absichten erzeugen *Karma*. Wir müssen gut aufpassen. Welche Art von *Karma* produzieren wir? Leider sind die Menschen zum großen Teil ziemlich blind. Wir sehen nicht, was wir tun. »*Karma*, ihr Mönche, sind die Absichten. So habe ich gelehrt.«

Wir müssen unsere Motive, unsere Absichten untersuchen. Warum sagen wir, was wir sagen? Warum denken wir, was wir denken? Warum tun wir, was wir tun? Wir kennen unsere Motive zumeist nicht. Gelegentlich durchschauen andere sie besser als wir selbst. Es gibt noch viel zu viele Dunkelstellen. Wir müssen sie alle durchleuchten.

Stoßen wir bei unserem Vorgehen im anderen Menschen auf eine Grenze, die dieser nicht fallen lassen will, müssen wir die Interaktion unbedingt näher untersuchen. Irgendetwas stimmt nicht, wenn die Verständigung nicht reibungslos zusammenfließt wie Milch und Wasser. Wir müssen herausbekommen, was passt nicht zusammen? Was läuft falsch? Wir stellen danach wahrscheinlich fest, dass unsere eigenen Motive nicht ganz sauber waren.

Das heißt, wir müssen uns nicht mit den Grenzen des anderen auseinandersetzen. Darum geht es nicht. Vielmehr geht es darum, dass wir uns über unsere eigenen Motive klar werden. Motive sind wie Eisberge: ein Drittel über Wasser, zwei Drittel darunter, unsichtbar. Bis wir nicht gelernt haben, sie etwas deutlicher zu sehen, werden wir unser ichbestimmtes und ichzentriertes Vorgehen niemals zähmen können, ja nicht einmal begreifen, nach welchen Gesetzen es eigentlich abläuft.

Das »Ich« nicht zu kennen bedeutet unfähig zu sein, es zu verändern. Was wir nicht kennen und nicht voll in der Hand haben, können wir auch nicht aufgeben oder loslassen. Nicht-Selbst (*anattā*) ist unfassbar. Wir können es nicht greifen. Wieso auch? Wer hat jemals etwas packen können, das es gar nicht gibt? Dahin führt kein Weg. Es ist absurd, daran auch nur einen Gedanken zu verschwenden. Das *Attā,* das »Ich«, können wir jedoch fassen und als das erkennen, was es ist: der Hauptstörenfried. Ja, eigentlich sogar der einzige Störenfried. Es gibt darüber hinaus keinen anderen.

Wir müssen unsere Motive prüfen und ehrlich in Frage stellen. Ist das Motiv wirklich rein? Ist es darauf ausgerichtet, anderen zu helfen und mir selbst? Oder geht es nur um Selbstbestätigung, darum zu zeigen, dass »ich« weiß, »ich« kann, »ich« will? Was steckt wirklich hinter meiner Absicht? Tue ich das, was ich vorhabe, etwa nur aus Angst?

Jeder muss sich selbst über seine Absichten klar werden. Jeder schmiedet selbst sein *Karma* und muss deshalb selbst entscheiden, welche Form er ihm geben will. Niemand kann uns von dieser Aufgabe befreien. »Ich bin der Eigentümer meines *Karmas*, Erbe meines *Karmas*« (*Kammasakhomi, kammadāyado*). Wir chanten dies regelmäßig. Es wäre also angebracht festzustellen, wie wir mit solchen Wahrheiten umgehen, wie wir sie im Alltag gebrauchen.

Rechte Rede, Rechte Handlung und Rechter Lebenserwerb sind die Grundlage unseres sittlichen Verhaltens. Mit der Grundlage dieses Sittenkodex stehen wir auf einem tragfähigen Fundament. Ohne tragfähiges Fundament, ohne sittlich einwandfreies Verhalten verlieren wir alle innere Kraft. Ein Mensch ist nicht deswegen gefestigt und verlässlich, weil er einen gut trainierten, festen Körper hat. Ein Mensch ist verlässlich, wenn er innerlich sicher ist. Gewinnen können wir diese innere Sicherheit allerdings nur, wenn wir wissen, dass wir untadelig sind.

Wer sich im Gegenteil selbst für tadelnswert hält, verfügt über keine innere Kraft. Wir werden schwach, wenn wir versuchen, uns auf andere zu stützen. Das ist gefährlich. Die anderen sind nicht weniger vergänglich und unbeständig als wir selbst. Sie gehen ihre eigenen Wege. Sie sterben. Sie ändern ihre Meinung. Wer auch immer sie sind, sie sind nicht immer da, nicht immer verfügbar. Ganz gleich ob Vater, Mutter, Mann, Frau oder Lehrer – alle sind sie vergänglich. Wir müssen also innerlich gefestigt sein, in uns ruhen, unabhängig sein. Dies können wir nur auf der Basis unserer Gelübde: Wenn wir wissen, dass wir uns untadelig verhalten.

Wie viele Gelübde wir auch auf uns genommen haben – fünf, acht, zehn, fünfundsiebzig –, sie sind unser Fundament. Wir müssen uns selbst ein guter Wächter sein und uns genau beobachten. Das kostet viel Zeit. Wir haben deswegen nicht mehr viel für unsinniges und oberflächliches Reden oder Tun übrig. Wir müssen stattdessen ständig aufpassen, dass wir nicht das Fundament zerrütten, auf dem wir sitzen. Es ist so schnell zerstört, so schnell umgestürzt.

Wir müssen untersuchen, was Rechte Anstrengung, Rechte Sammlung und Rechte Achtsamkeit sind. Rechte Anstrengung heißt, dass wir uns stetig bemühen, immer und immer wieder; nicht ruckweise, kurz und heftig, sondern mit beständiger Beharrlichkeit. Und das nicht allein in den Momenten, in denen wir auf unserem Meditationskissen sitzen. Sitzen und Meditieren ist nur eine der vielen Anstrengungen, die wir zu leisten haben. Rechte Anstrengung heißt, dass wir uns unablässig und ununterbrochen bemühen, wo wir auch sind, was wir auch tun.

Wir haben den Tag unnütz vergeudet, wenn wir nicht etwas Neues dazugelernt, etwas neu gesehen und verstanden haben, wenn wir nicht irgendeine Hilfe geleistet, unsere Liebe nicht in irgendeiner Form bekundet haben. Aber unsere Tage sind sehr wertvoll. Wir dürfen sie nicht verschwenden. Jeder Tag ist der einzige Tag, den wir zur Verfügung haben.

Die Vergangenheit ist vorbei, abgeschlossen. Ganz gleich, wie viele Jahre ihr schon auf diesem Planeten weilt, sie sind verflossen, für niemanden mehr von irgendeinem Nutzen. Und die Zukunft besteht aus nichts weiter als Mutmaßungen. Das nächste Flugzeug, in das wir uns setzen, mag abstürzen, der nächste Bus einen Abhang hinunterkippen. Alles kann passieren, jederzeit. Heute ist der einzige Tag. Jetzt ist die Stunde uns gegeben, die wir zum Üben nutzen können. Jetzt! Nicht irgendwann! Dass wir in der Vergangenheit nicht in einen Flugzeugabsturz oder ein Busunglück verwickelt waren, gibt uns keinerlei Garantie für die Zukunft.

Wenn wir nicht jeden Tag voll ausnützen, wenn wir nicht

aus der Lehre Buddhas etwas Neues dazulernen, sie nicht ein kleines bisschen besser verstehen, wenn wir nicht unsere Liebe bekunden, keinen Dienst leisten, keine Hilfe gewähren, wenn wir uns nicht selbst ein wenig genauer durchschauen oder eine Einsicht dazugewinnen, die uns fester im Pfad verankert, dann haben wir uns auch nicht wirklich bemüht, sind nicht mit Rechter Anstrengung vorgegangen. Rechte Anstrengung wird mit der Zeit zur Gewohnheit. Macht sie euch zur Gewohnheit. Es ist eine gute Gewohnheit.

Augenblick für Augenblick mit Rechter Achtsamkeit zu erfahren, wahrzunehmen, das ist ein hohes Ziel. Trotzdem werden wir nicht einmal für kurze Augenblicke achtsam und bewusst sein können, wenn wir nicht entschlossen sind, dieses Ziel zu verwirklichen. Sind wir nicht bereit, uns jeden Moment unseres Lebens um Achtsamkeit zu bemühen, werden wir bald überhaupt nicht mehr achtsam sein. Wir werden alle Achtsamkeit wegwerfen. Wir vergessen sie einfach. Nimmt dann irgendwer das Wort »Achtsamkeit« in den Mund, nicken wir bedächtig und zustimmend mit dem Kopf und murmeln: »Ja, davon habe ich auch schon einmal gehört.«

Aber Achtsamkeit ist mehr als ein Wort, mehr als eine Lehrrede, die der Buddha irgendwann in längst vergangenen Zeiten einmal gehalten hat. Achtsamkeit ist die Entschlossenheit des Geistes, *jetzt hier zu sein*, hier in diesem Augenblick, und genau zu wissen, was innen und außen vor sich geht.

Unter dieser Voraussetzung sind wir in der Lage, unsere Motive, unsere Absichten genau zu beobachten und somit alles Unheilsame in Heilsames zu verwandeln. Ja, die Erfüllung dieser Voraussetzung ist sogar obligatorisch, weil wir nicht fähig sind, irgendetwas zu verändern, wenn wir nicht achtsam sind, nicht wach und bewusst.

Achtsamkeit ist nicht auf die Beobachtung des Atems beschränkt. Das ist nur ein Teil der Aufgabe, eben die Achtsamkeit des Einatmens und Ausatmens; ein Beispiel unter vielen. Achtsamkeit ist total, eine allumfassende Aktivität, die im Laufe der Zeit das Leiden vollständig ausmerzen wird, weil sie offenbart, dass es nichts gibt außer der Bewegung und Veränderung der fünf *Khandhas*. In einem ersten Schritt befreit uns Achtsamkeit von allen Ängsten und Sorgen, die wir uns über die Vergangenheit oder Zukunft machen, und verankert uns damit in der Gegenwart. Aber schließlich hat sie eine wesentlich revolutionärere Wirkung: Sie verweist auf jene Rechte Erkenntnis, die das Selbst transzendiert.

Was nun Rechte Sammlung oder Konzentration angeht, können wir nicht viel mehr tun, als uns immer wieder darum zu bemühen. Entsagung ist ein Aspekt, uns von allem loszusagen, was uns lieb und teuer ist. Das bedeutet, auf alle Sinneskontakte zu verzichten: auf alles, was unseren Augen schmeichelt, auf wohltuende Klänge, betörende Düfte, angenehme Berührungen, Empfindungen und Gedanken. Daran halten wir fest. Daran hängt unser Herz. Uns davon loszusagen ist ein Aspekt der Rechten Sammlung.

Der andere Aspekt ist die Gewissheit, dass wir dies tatsächlich schaffen werden. Ja, wir werden es tun und den Geist ganz in diesem Tun aufgehen lassen. Wir müssen es einfach tun: das Unmögliche erreichen, erstreben, was wir für schwierig, ja eigentlich für nicht machbar halten.

Eins müssen wir wissen: Die Lehre des Buddha, das sind in der Hauptsache die Vier Edlen Wahrheiten und der Edle Achtfache Pfad. Alles andere ist Beiwerk, nebensächlich. Sind wir ehrlich davon überzeugt, dass wir mehr als nur ein akademisches Interesse an Buddha und seiner Lehre haben, müssen wir nach diesen Wahrheiten leben – auf der Einbahnstraße zum *Nibbāna*.

VII

Liebevolle Zuwendung

Habt ihr schon einmal in Erwägung gezogen, schon einmal darüber nachgedacht, was das heißt: liebevolle Zuwendung? Ohne sie gedeiht kein Säugling. Ohne sie gedeiht keine Pflanze. Ohne sie kann kein Mensch sich wirklich entwickeln. Es ist erwiesen, dass Säuglinge und Kleinkinder auch bei bester Nahrung und medizinischer Versorgung körperlich und seelisch nicht richtig wachsen, wenn man ihnen Zärtlichkeit und Liebe vorenthält. Ohne liebevolle Zuwendung gedeiht nichts: keine Beziehung, kein menschlicher Kontakt. Wie sollte also unsere Meditation ohne sie gedeihen? Sie kann es nicht. Es gibt einfach nichts, das ohne liebevolle Zuwendung gedeihen würde.

Macht von eurem Geist während des ganzen Tages liebevoll Gebrauch. Führt euch nicht auf wie der sprichwörtliche Elefant im Porzellanladen. Der »Elefant im Porzellanladen« richtet große Verwüstung an, weil er alles zerbricht. Und warum? Er ist achtlos und folgt blindwütig seinen Impulsen. Selbst die kleinste Achtlosigkeit ist bereits ein Zeichen, dass die nötige liebevolle Zuwendung fehlt. Selbst der kleinste Bruch der Gelübde offenbart einen Mangel an liebevoller Zuwendung.

Die Gelübde sind keine willkürlich festgesetzten, despotischen Regeln. Sie verfolgen einen Zweck. Jedes Gelübde ist so formuliert, dass es einen bestimmten Lebensbereich, einen Aspekt des Daseins erfasst. Zusammen wirken sie darauf hin, dass wir weltlichen Belangen und Interessen den Rücken kehren und uns achtsam und liebevoll nach innen wenden.

Jedes Gelübde, das wir nicht behutsam und liebevoll beachten, wird die Meditation stören, ihren Fluss unterbrechen. Selbst die kleinste Abweichung reicht dafür schon aus, weil der Geist nur widerstrebend gehorcht oder achtlos seinen Gewohnheiten folgt. Verhärtet sich der Geist noch mehr, arbeitet er den anderen sogar entgegen, begegnet er ihnen nicht liebevoll und respektvoll, wird auch die Meditation nicht zum Erfolg führen.

Wir sollten uns den ganzen Tag liebevoll und behutsam um unseren Geist kümmern; sorgsam darüber wachen, was er berührt und wie er es berührt. Der Geist berührt so viele Dinge. Er berührt seine eigenen Gedanken. Er reagiert auf andere Menschen. Er ist permanent im Dienst … und noch dazu auf die falsche Art und Weise.

Zumeist achtet er nicht darauf, was eigentlich vor sich geht, bleibt vollkommen unbewusst, ist nur um seine eigenen Annehmlichkeiten besorgt, liebt nicht. Wenn der Geist also während des ganzen Tages diesen und noch vielen anderen Sperren unterliegt, wie könnt ihr dann erwarten, dass er sie am frühen Morgen und am Abend während unserer Meditationssitzungen plötzlich fallen lässt? Warum sollten sie sich plötzlich in nichts auflösen? Aus welchem vorstellbaren Grund?

Damit die Meditation zu voller Blüte kommt, müssen zwei Voraussetzungen erfüllt sein. Zum einen müssen wir den Geist den ganzen Tag lang auf die richtige Art und Weise gebrauchen; zum anderen müssen wir uns unserer Meditation mit der gleichen Liebe und Behutsamkeit zuwenden. Ihr könnt nicht meditieren, wenn ihr euch einfach hinsetzt und einzureden versucht: »Nun will ich meditieren. Und genau das werde ich auch tun. Ich werde mich weder dabei stören noch sonst irgendwie zerstreuen lassen.« Solche Vorsätze sind sinnlos. Sie führen nicht zum Erfolg. Anstatt uns damit abzuplagen, dürfen wir uns hinsetzen und allem liebevoll zuwenden, was mit der Meditation zusammenhängt. Wir dürfen uns der Situation mit Anmut überlassen, uns in sie hineingeben.

Beim Zen werfen sich die Übenden zuerst respektvoll vor ihrem eigenen Kissen und dem Praktizierenden nieder, der ihnen gegenüber oder neben ihnen sitzt. Dies ist eine schöne, runde Geste. Herz und Geist kommen in einem Gefühl der Achtung und liebevollen Sorgfalt zusammen: vor dem Kissen, vor dem Gegenüber, vor dem Nachbarn. Das heißt, bevor wir überhaupt beginnen, müssen wir Liebe und Sorgfalt für unsere gesamte innere und äußere Umwelt in uns erwecken. Wir dürfen uns dem Schreinraum öffnen, in dem wir üben, und allem, das in den Kreis unserer bewussten Wahrnehmung tritt. Wir dürfen uns unserem eigenen Atem liebevoll und behutsam zuwenden. Erst dann können wir beginnen.

Der Geist kann unmöglich für die Meditation bereit sein, wenn er sich mit Zweifeln, Bedauern, inneren Widersprüchen, Widerständen, Sorgen und Urteilen abplagt. Wieso auch? Er urteilt und sorgt sich auch weiterhin. Warum sollte er damit aufhören? Was wäre ein denkbarer Grund dafür? Er hat es den ganzen lieben langen Tag über getan. Warum sollte er es jetzt plötzlich nicht mehr tun?

Es gibt nur einen Zugang dazu, so zu meditieren, dass die Meditation auch Sinn und Zweck hat und außerdem funktioniert. Dazu müssen wir uns von allem Weltlichen abwenden.

Meditation transzendiert. Meditation geht hinaus über das, was ist. Deswegen könnt ihr unmöglich meditieren, wenn der Geist in weltliche Überlegungen eingesponnen bleibt. Im Beisein eines weltlich ausgerichteten Geistes kann die transzendierende Tätigkeit der Meditation gar nicht erst zur Entfaltung kommen. Dann machen die weltlichen Interessen immer wieder auf sich aufmerksam. Sie rufen uns und versprechen uns etwas. Sie versprechen uns irgendeine Befriedigung. Untersucht diese Versprechen sofort, wenn sie sich zeigen. Überprüft sie auf der Stelle. Haben sie euch jemals befriedigt? Wenn nein, lasst sie unverzüglich fallen.

Was wir auch tun, jede Handlung, die wir während unseres Tagewerks ausführen, kann und muss in unsere Übung eingebracht werden. Dazu gehört Rechte Achtsamkeit, totale Aufmerksamkeit. Was heißt: Wir sind einsgerichtet und vorurteilsfrei bei der Sache. Wir fragen uns nicht, ob das, was wir tun, auch wirklich nötig, wichtig, zu schwer, zu mühevoll, zu umständlich oder zu langwierig ist. Nichts von alledem. Nur totale Aufmerksamkeit. Wir folgen dem Geschehen und öffnen liebevoll unseren Geist in dem Wunsch, unser Bestes zu geben.

Geben wir beim Saubermachen nicht unser Bestes, warum sollten wir dann beim Meditieren plötzlich unser Bestes geben? Gibt es irgendeinen Grund, der dafür spricht, dass diese beiden Tätigkeiten sich in irgendeiner Weise qualitativ unterscheiden müssen? Was wir auch tun, wir tun es, so gut wie wir können. Putzen wir mit Liebe unser Zimmer und sind mit Liebe bei unserem Tagewerk, dann wird der Geist auch von liebevoller Zuwendung erfüllt sein, wenn wir uns zum Meditieren hinsetzen. Das ist unser Weg, unsere einzige Rettung. Anders klappt es nicht.

Der Geist trägt schwer an den Gewohnheiten vieler Jahre. Erkennt diese Gewohnheiten. Lasst sie fallen. Nehmt neue an. Versucht es. Versucht, eurem Geist neue Gewohnheiten einzupflanzen. Gewöhnt euch an, anders zu denken. Ihr müsst nicht unbedingt in den alten Bahnen denken. Nehmt ganz bewusst jeden Gedanken wahr, der nach den Gesetzen der alten Denkgewohnheiten in euch entsteht, und sagt euch: »Ich denke wieder einmal, wie ich es gewohnt bin. Nicht nötig. Ich kann ebenso gut in anderen Bahnen denken: in Begriffen wie Allgüte, Dienst am Nächsten, Unbeständigkeit aller bedingt entstandenen Erscheinungen, alles durchdringendes Leiden und so weiter.«

Orientiert euer Denken an jeder beliebigen Aussage des *Dhamma*, an die ihr euch erinnert, an Textstellen und Wortgruppen, die euch in den Sinn kommen. Denkt in diesen Begriffen. Damit schleust ihr den Geist in das richtige Fahrwasser. Und das ist nötig. Warum sollte er überhaupt meditieren, wenn er auch weiterhin in den alten Gewässern dümpelt? Er hat früher nicht meditiert. Warum sollte er es also jetzt tun?

Wenn ihr etwas wirklich gut machen wollt, müsst ihr es mit Liebe machen. Das ist die wichtigste Voraussetzung. Wir haben nicht die geringste Chance, unsere Sache gut zu machen, wenn wir nicht mit Liebe an sie herangehen. Ohne Liebe gibt es nur Widerstände und Ablehnung, und wenn nicht die, so zumindest Gleichgültigkeit. Etwas anderes ist gar nicht möglich. Entweder es ist uns egal, was wir tun, oder wir tun es mit Liebe, oder wir lehnen es ab. Was davon möchtet ihr? Was, bitteschön, soll es sein?

Also, wenn ihr gern meditieren möchtet, es aber nicht könnt, dann verbannt einfach alle überflüssigen Gedanken aus eurem Geist. Weg damit und fertig. Vergesst den ganzen Kram!

Erst alle Teile zusammen ergeben ein funktionierendes Ganzes. Dieses Ganze ist das Gesamtbild. Zerbrecht euch nicht den Kopf, wenn ihr bisher nur Teile davon gesehen habt. Das Gesamtbild wird sich schon noch zusammenfügen, vorausgesetzt, ihr achtet sorgfältig und aufmerksam auf jedes Teil. Jede Kleinigkeit fügt sich irgendwie ein. Jede Kleinigkeit verdient unsere Sorgfalt. Und so müssen wir sie auch behandeln.

Der Geist ist ein zerbrechliches Instrument. Es gibt kein zerbrechlicheres. Ihr alle habt schon erhebende und vollkommen losgelöst befreiende Geisteszustände erlebt – und Momente völliger Niedergeschlagenheit. Jeder macht solche Erfahrungen.

Daran ist nichts Außergewöhnliches. Wenn der Geist in solchen Momenten noch ein bisschen weitergestoßen würde, er würde vielleicht über den Rand des Abgrunds hinausschreiten – nach der einen wie nach der anderen Seite. Wie gesagt, er ist ein zerbrechliches Instrument und wird nur dann wirklich zur Blüte kommen, wenn wir uns ihm mit liebevoller Zuwendung widmen.

Eure Meditation ist noch ein kleines Baby. Das gilt für jeden von euch. Sie ist noch nicht wirklich ausgewachsen, noch nicht gereift. Babys verlangen sorgfältige Pflege. Auch unser Geist ist noch wie ein Baby. Bis wir nicht einen Vorgeschmack von der Befreiung (*nibbāna*) gekostet haben, bleibt der Geist ein Baby.

Wir müssen sorgsam mit ihm umgehen, auf seine Zerbrechlichkeit achten. Missbraucht euren Geist nicht, indem ihr euch der Welt hingebt, indem ihr Hass, Widerstand, Ablehnung, Kummer, Angst, Widerwillen und Zweifel in ihm nährt. Sorgt dafür, dass der Geist liebt, womit er sich verbindet, was er berührt.

Ganz gleich, ob er mit Behagen oder mit Unbehagen auf eine bestimmte Sache zugeht, achtet darauf, dass er es in jedem Fall mit Liebe tut, dass sich alle seine Verbindungen und Kontakte in liebevoller Zuneigung vollziehen. Der Geist wird nicht wachsen, wenn ihr ihn nicht mit solcher Sorgfalt behandelt, und damit wäre eure Praxis gefährdet, weil dies ihr eigentliches Ziel ist: wachsen und reifen.

Geistige Reife ist keine Frage des Alters. Sie hängt einzig und allein davon ab, ob der Geist geschult ist oder nicht. Und unsere Schulung besteht keinesfalls nur aus Meditation. Wenn überhaupt, gibt es auf dieser Welt nur wenige Menschen, die am Tag vierundzwanzig Stunden meditieren; sicherlich auch nur wenige, die immerhin zwanzig Stunden mit formaler Praxis und nur zwei bis drei Stunden mit Schlaf verbringen. Wie dem auch sei. Ob es sie gibt oder nicht, ist für uns nicht sonderlich wichtig. Wichtig für uns ist nur, dass der Geist wie an der Meditation auch an jeder Alltagserfahrung, an jeder x-beliebigen Tätigkeit bewusst teilhat. Und da dies offensichtlich wichtig ist, wie könnten wir dann so vermessen sein, diese beiden Aspekte voneinander zu trennen!

Aufrichtiges, ernsthaftes Bemühen wird nicht in Gang kommen, wenn wir uns nicht vorbehaltlos und vollkommen in unser Tun hineingeben, ganz gleich um was es sich dabei handelt. Wenn ihr euch eine Sache herauspickt und ernsthaft betreibt, euch einer anderen jedoch verweigert, seid ihr schon einer inneren Blockierung aufgesessen.

Trefft auch unter den Menschen keine Auslese: auf der einen Seite die, die ihr gern lieben, auf der anderen Seite die anderen, die ihr nicht so gern lieben wollt. Pickt euch aus den Schriften nicht nur vereinzelte Lehren heraus, an die ihr euch mit Wohlgefallen erinnert, während ihr andere lieber vergesst. Trefft auch unter den Gelübden keine Auswahl, nach dem Motto: »Die halte ich und jene nicht.« Jedes Mal, wenn ihr ein Gelübde ablehnt, als für euch erledigt betrachtet oder wissentlich übertretet, errichtet ihr eine Sperre, die eure Meditation aufhalten wird. Deswegen seid aufrichtig und perfekt in allen euren Bemühungen.

Jeder Mensch verdient eure Liebe. Jede Handlung, alles Geschehen verdient eure Aufmerksamkeit, jedes Gelübde eure Beachtung. Und dies sind nicht etwa unverbindliche Erwägungen, sondern Aufgaben. Widmet euch ihnen.

Solange der Geist nicht bei allem Tun ernsthaft, das heißt ohne jegliche Widerstände, beteiligt ist, muss er sich zwangsläufig auch der Meditation widersetzen, sodass er bestenfalls halbherzig dabei sein kann. Vielleicht genießt er die ersten zwanzig und verabscheut die restlichen vierzig Minuten. Vielleicht verweilt er gern ein wenig beim Atem, hat aber eine Abneigung gegen alle Gedanken, die auftauchen mögen. Vielleicht entrüstet er sich, wenn jemand laut hustet. Aber wozu ist das gut? Was nützt es?

Wir müssen diesen Säugling von einem Geist hegen und pflegen, sehr liebevoll auf ihn aufpassen, sonst wird er weder wachsen noch erwachsen werden. Ist er schließlich einmal erwachsen geworden und kennt sich selbst, kann er auch geschickt mit sich umgehen und ist zugleich mit sich vollkommen im Reinen, weil alle Sperren oder Blockierungen verschwunden sind. Er sträubt sich nicht mehr. Das heißt nicht, dass er vollkommen naiv geworden ist und nichts mehr weiß. Er weiß sehr wohl, was vor sich geht, aber er lehnt sich nicht mehr dagegen auf.

Beobachtet euren Geist, und behandelt ihn mit angemessener Sorgfalt. Dies ist allerdings nur möglich, wenn ihr es mit Liebe tut. Nur Liebe allein, nur liebevolle Zuwendung, wird den Erfolg garantieren. Nur sie macht die Transzendierung unseres weltlichen Daseins möglich. Wacht also mit derselben Liebe über euren Geist wie eine Mutter über ihr Kind. Für wen sonst werdet ihr solche Liebe hegen können, wenn ihr nicht einmal dazu in der Lage seid, sie eurem eigenen Geist zu schenken?

Das Lockmittel ist eure Meditation: die volle, runde Erfahrung eurer Meditation. Es klingt fast wie Bestechung: »Wenn ich mich den ganzen Tag lang ordentlich benehme, werde ich am Abend eine schöne Meditation haben.« Keiner weiß, wie sich euer Geist benimmt, nur ihr selbst. Achtet also darauf, dass er sich ordentlich benimmt.

Kümmert euch um ihn, wohl wissend, dass er das einzige Instrument ist, das alles ermöglicht, das alles kann. Er ermöglicht die niedersten Begierden und niederträchtigsten Handlungen. Aber er ermöglicht auch ihre Transzendierung und die Verwirklichung der höchsten Bewusstseinsebenen. Deswegen müsst ihr immer daran denken, sorgfältig zu sein, liebevoll, und die Dinge im richtigen Licht zu sehen. Was auch immer geschieht, was ihr in Gang bringt, was andere Menschen in Gang bringen, alles ist Teil eurer Praxis und deswegen auch Teil eurer Meditation.

Es wird euch sehr viel leichter fallen, bei eurem Atem zu verweilen, wenn ihr ihn liebt. Was wir lieben, bei dem können wir mühelos verweilen. Was uns gleichgültig ist, mit dem wollen wir nicht zusammen sein. Liebt also euren Atem, denn er ist Gegenstand eurer Meditation. Das ist Grund genug, ihn zu lieben. Liebt euer Kissen, denn es trägt euch, während ihr meditiert. Liebt die Menschen, mit denen ihr sitzt. Seid dankbar. Schaut bitte, ob ihr nicht vielleicht doch zu der liebevollen Zuwendung fähig seid, die alles erblühen lässt – von den winzigen kleinen Samen zu einem Geist, der das Zeug hat für die *Jhānas* und schließlich zu allem, was ein solcher Geist berühren kann.

VIII

Mit uns selbst leben

Die Lehrrede von der Liebenden Güte (*Mettā Sutta*) schildert, wie wir den anderen Wesen begegnen sollen: Wir sollen sie behandeln, als wären sie unsere eigenen Kinder. Die Lehrrede sagt uns hingegen nichts darüber, wie wir uns selbst behandeln sollen, jedenfalls nicht direkt. Trotzdem bemerkt sie indirekt auch dazu Wichtiges, denn wir werden uns selbst wahrscheinlich auf dieselbe Art und Weise behandeln, mit der wir den anderen Wesen begegnen. Umgekehrt werden wir die anderen behandeln wie uns selbst.

Da jeder von uns hauptsächlich an sich selbst denkt, müssen wir verstehen, worauf es uns eigentlich ankommt, wenn wir uns selbst begegnen. Es ist ja nur eine Vorstellung, ein Ideengebilde, zu glauben, dass wir der Welt durch die und in den anderen begegnen. In Wirklichkeit begegnen wir stets nur unseren eigenen Schwächen und Stärken. Das Umweltgeschehen ist eine Serie von auslösenden Momenten, die ans Tageslicht bringen, was eigentlich in uns steckt.

Unsere Umwelt besteht aus Situationen, Erfahrungen und Menschen. Wir berühren sie mit unseren Sinnen. Unsere Sinne sind das Verbindungsmedium. Unter ihnen ist der Geist, der Denkapparat, am einflussreichsten. Er ist das mächtigste Sinnesorgan und hat zudem leider die Tendenz, uns aus dem Ruder zu laufen. Wir bleiben nicht in der Fahrrinne der Wirklichkeit, weil wir nicht wissen, was wirklich ist und was nicht. Wir interessieren uns für Dinge und Ereignisse, von denen wir annehmen, dass sie wirklich sein könnten. Diese Dinge und Ereignisse unterliegen zwei Denkfiltern: Entweder wir haben Angst vor dem, was sein könnte, oder wir verbinden Hoffnungen damit.

Beides ist nicht realistisch. Unsere Hoffnungen sind bloße Wunschgedanken, unsere Ängste unbegründete Sorgen. Sie verwirren uns nur, die einen wie die anderen. Zudem sind sie noch eng miteinander verwoben. Mit jeder Hoffnung geht Angst einher – die Angst, dass sie sich nicht verwirklichen könnte. Umgekehrt wohnt allen unseren Ängsten die Hoffnung inne, dass unsere Befürchtungen sich nicht bewahrheiten, wenn wir es nur gescheit genug anstellen. Aber damit geben wir schon einer neuen Angst Nahrung: Könnte es nicht sein, dass wir nicht gescheit genug sind?

Wir stecken also in einer unerfreulichen Lage. Wir sind verspannt und fühlen uns unruhig, unbehaglich. Dagegen wehren wir uns mit Hilfe von allen möglichen Abwechslungen und Ablenkungsmanövern. Essen, Trinken, Unterhaltung, Gespräche, Schlaf sollen uns die Verspanntheit nehmen. Jedes Mittel zur Spannungslösung ist uns recht, wenn es nur verfügbar ist und für den Moment die richtige Medizin zu sein scheint. Zeitungen, Fernsehen, das Telefon sind unsere kleinen Helfer, wenn wir in unserer normalen Umwelt leben. Wenn sie uns nicht zur Verfügung stehen, suchen wir uns irgendeinen Ersatz, was auch immer sich dafür anbietet. Finden wir nicht einmal den, werden wir niedergeschlagen oder gereizt.

Diese Zerstreutheit oder, allgemeiner ausgedrückt, Mannigfaltigkeit (*papañca*) hat nur beginnen können, weil der Geist sich die Freiheit genommen hat, außer Kontrolle zu geraten. Wir gestatten ihm, sich in alle Richtungen zu verlaufen. Wir denken ängstlich oder hoffnungsfroh an die Zukunft; wir denken mit Bedauern oder in rührseliger Verklärung an die Vergangenheit.

Nur an eines denken wir nicht: bei dem zu bleiben, was gerade geschieht.

Bei dem zu bleiben, was im Augenblick geschieht, ist Achtsamkeit. Sie lässt sich nur schwer vollkommen verwirklichen, weil der Geist seiner Neigung folgt, sich mannigfaltig zu verzweigen. Leider können wir dieser Neigung eben nicht allein dadurch entgegenwirken, dass wir uns selbst zur Achtsamkeit ermahnen. Wir müssen schon etwas mehr tun.

Natürlich würde dieses fortwährende Sichverzweigen aufhören, wenn wir vollkommen achtsam, in jedem Augenblick vollkommen präsent wären. Da wir dies nicht sind, benötigen wir praktische Hilfen, die uns Gleichgewicht schenken. Ein gesunder Geist ist im Gleichgewicht. Ein gesunder Geist erlaubt sich keine plötzlichen Abweichungen. Er schwankt nicht, sorgt sich nicht, lässt sich nicht niederdrücken, hat keine Angst und wird auch nicht überschwänglich. Um ihn zu verwirklichen, müssen wir ihn unterstützen, und zwar nicht allein damit, dass wir uns permanent einreden, endlich »achtsam zu sein«. Wenn das helfen würde, würden wir keine anderen Hilfen brauchen. Wir wären in einer hervorragenden Lage.

Aber wir können uns tatsächlich weiterhelfen, zum Beispiel indem wir uns selbst wertschätzen. Mit dieser Wertschätzung meinen wir nicht etwa ein Gefühl der Überlegenheit, nicht die Kunst, den anderen stets eine Nasenlänge voraus zu sein. Selbstwertschätzung heißt nicht: »Ich bin einfach besser als du.« Oder: »Was du tust, kann ich auch, und zwar besser.« Nein, nichts dergleichen.

Wahre Selbstwertschätzung besteht auch nicht darin, dass wir uns ständig im Geist unsere Kenntnisse aufzählen. Die Kluft zwischen Wissen und Tun, darauf kommt es an. Oder vielmehr darum, diese Kluft zu überbrücken. Das ist die Hauptarbeit. Es ist absolut nutzlos, über das eigene Wissen nachzudenken, die eigenen Kenntnisse herauszustreichen. Aber es ist sehr nützlich, über das nachzudenken, was wir bereits geleistet haben.

Nur das, was wir tun, zählt wirklich. Sich damit zu beschäftigen, was wir vielleicht irgendeines schönen Tages zu tun gedenken, ist völlig belanglos. Was wir bloß kennen, als Faktenwissen gespeichert haben, hat damit noch keine konkrete Gestalt angenommen. Aber unser Tun hat Konsequenzen. Deswegen müssen wir uns an unsere Taten, an unsere heilsamen Handlungen erinnern, wenn wir uns selbst wirklich wertschätzen wollen.

Wir müssen mit uns zufrieden sein. Können wir uns nicht mit einem Gefühl der Genügsamkeit begegnen, werden wir nirgendwo und mit niemandem zufrieden sein. Wir können die Persönlichkeit, die wir jetzt verkörpern, nicht einfach loswerden, in die Ecke stellen. Sie wird uns noch eine ganze Weile begleiten. Außerdem sollten wir uns fragen, ob wir überhaupt mit irgendjemandem oder irgendetwas zufrieden sein können, wenn wir nicht einmal mit uns selbst zufrieden sind. Wir selbst sind das Hindernis. Unsere Hauptaufgabe liegt zunächst darin, dass wir mit uns selbst zufrieden sind.

Die *Karaṇīya Mettā Sutta* hebt diesen Gesichtspunkt deutlich hervor: »Genügsam sei er, unschwer zu erhalten.« Es erwähnt insgesamt fünfzehn Bedingungen, die inneren Frieden schenken. Finden wir diese Bedingungen nicht in uns selbst erfüllt, werden wir keinen Frieden finden, nirgendwo.

Mit uns selbst zufrieden sein bedeutet, dass uns das genügt, was wir bereits haben, dass wir mit unserem Aussehen, unseren sprachlichen Ausdrucksmöglichkeiten, unserem Leben, unseren Reaktionen zufrieden sind. Unser Dasein, sein Verlauf, ist in einen Flor der Zufriedenheit gehüllt.

Dies heißt nicht, dass wir uns vielleicht nicht noch weiterentwickeln könnten. Das könnten wir durchaus. Aber es wird uns nichts so recht gelingen, wenn wir das Gefühl eines tief sitzen den Ungenügens in uns tragen. Dann stehen wir immer unter der Spannung der Sehnsucht: Wir wünschen uns, dass alles ganz anders wäre.

Wünschen ist Spannung. Wünschen bedeutet, dass wir unbefriedigt sind. Was wir auch wünschen, es ist seinem Wesen nach Nichterfüllung (*dukkha*). Je mehr wir das Wünschen loslassen, desto mehr lassen wir auch *Dukkha* los. Vom Wünschen können wir jedoch nur lassen, wenn wir mit dem zufrieden sind, was jetzt bereits da ist.

Aber vielleicht entspricht dies nicht unseren Erwartungen. Jeder hat bestimmte Erwartungen, Anforderungen, die er an sich und an andere stellt. Und diese sind allesamt wirklichkeitsfern, unrealistisch. Sie ziehen nicht in Betracht, dass nichts Bestand hat, dass alles vergeht. Alles wandelt sich unaufhörlich. Mag sein, dass es für einen Augenblick vollkommen gestimmt hat. Aber jetzt stimmt es nicht mehr, passt nicht mehr perfekt zusammen.

Wie können wir Zufriedenheit in Situationen finden, die wir als unbefriedigend erfahren? Als Erstes müssen wir die Situation etwas näher untersuchen. Was an ihr ist unbefriedigend? Warum ist sie unbefriedigend? Was stimmt nicht? Was verwehrt sie uns? Gewährt sie dem »Ich« vielleicht nicht genug Bestätigung? Stimmt sie nicht mit unseren Erwartungen überein?

Habt ihr einmal ermittelt, was die Situation für euch unbefriedigend macht, werdet ihr zugleich einsehen, dass es nichts weiter ist als eine lächerliche Kleinigkeit. Es lohnt sich nicht, daran auch nur einen weiteren Gedanken zu verschwenden.

Wenn ihr innerlich festgefahren seid, wenn irgendetwas in euch immer wieder *Dukkha* erzeugt, Spannungen und unerfüllte

Wünsche hervorbringt, warum dann nicht einfach bedenken, dass ihr eurem Wesen nach sterblich seid, dass ihr nicht über dem Tod steht? »Ich bin dem Tode unterworfen, ich kann dem Tod nicht entgehen;« bedeutet nicht unbedingt, dass der Tod erst in fünfzig Jahren eintreten wird. Er könnte ebenso gut in fünf Minuten da sein. Warum also nicht immer wieder daran denken? Behaltet den Tod im Auge. Das ist nicht grausig, nicht pathologisch ängstlich und auch nicht deprimierend. Es bringt uns nur der Wirklichkeit näher, weil es wahr ist.

Würdet ihr wirklich dieselbe Unzufriedenheit an den Tag legen, wenn ihr mit Sicherheit wüsstet, dass ihr nur noch zehn Minuten zu leben habt? Warum dann nicht diesen Gedanken auf seine Wirksamkeit prüfen? Warum nicht einmal die Probe aufs Exempel machen und davon ausgehen, dass ihr tatsächlich nur noch zehn Minuten leben werdet? Ich garantiere euch, dass keine eurer Reaktionen mehr eine Spur von Unzufriedenheit aufweisen wird.

Vielleicht hindert euch die Todesangst daran. Angst entsteht aus heftiger emotionaler Ablehnung: aus Auflehnung und Hass. Aber was für einen Sinn hat es, sich gegen etwas aufzulehnen, das ohnehin feststeht? Warum hassen, was mit Sicherheit geschehen wird? Das ist dumm. Trotzdem tun es die meisten Menschen. Es ist eine unserer unzähligen Verrücktheiten.

Wollen wir mit uns selbst so leben, dass unser Leben uns und andere befriedigt, muss die Voraussetzung der inneren Zufriedenheit unbedingt erfüllt sein. Dazu müssen wir uns selbst würdigen, uns als den Menschen wertschätzen, der wir sind.

Findet zu euch selbst, zu dem, was an euch echt und wertvoll ist. Dann werdet ihr leichter Momente und Situationen überstehen, in denen um euch herum alles in Chaos, Verwüstung und Verwirrung zu versinken scheint. Findet zurück zur Reinheit.

Wir könnten nicht rein werden, uns nicht läutern, wenn wir nicht eine reine Grundlage in uns trügen. Wären wir vollkommen verschmutzt, würden wir nicht an irgendeinem Fleckchen bereits rein sein, wir würden uns ohne jegliche Erfolgsaussichten um Läuterung bemühen. Reinheit ist bereits vorhanden. Aber wir müssen sie vergrößern, entwickeln, wirklich etwas aus ihr machen. Findet zurück zur Mitte, wenn Angst und Verwirrung euch plagen. Findet zurück zur Mitte, wenn ihr unter Ablehnung leidet, oder darunter, dass sich eure Wünsche nicht erfüllen. Findet zurück zur Mitte. Sie ist in euch.

Wir alle sind der falschen Vorstellung aufgesessen, dass unsere Zufriedenheit von bestimmten Zuständen oder bestimmten Menschen abhängen würde. Auch dies ist eine unserer Verrücktheiten. Wie könnten wir von Äußerlichkeiten abhängig sein, von etwas, das nicht in uns ist? Echte Zufriedenheit kann nur von inneren Bedingungen abhängen, von Bedingungen also, die wir eigenverantwortlich hervorbringen können. Nach dieser Zufriedenheit müssen wir streben. Wenn wir uns an Menschen und Situationen klammern, die uns Zufriedenheit schenken, machen wir uns von ihnen abhängig. Wir machen uns zu ihren Sklaven. Keiner will Sklave sein. Jeder will vollkommen frei sein.

Erschließt euch die Zufriedenheit, die in eurer eigenen Reinheit geborgen liegt! Dann seid ihr unabhängig. Dann seid ihr nicht mehr enttäuscht, wenn sich irgendetwas als vergänglich erweist.

Aber wie kommen wir dahin? Der Schlüssel dazu ist eure Bewusstheit. Von ihr hängt es ab, denn wir erkennen und erfahren nur, worauf wir achten. Habt ihr schon versucht, nur auf Heilsames zu achten? Nur Heilsames zu befolgen, das, was nützlich ist, euch innerlich reicher macht, euch hilft? Tut ihr dies, habt ihr euer Glück gefunden. Richtet den Geist nur darauf, auf nichts anderes. Findet immer wieder den Weg zu eurer eigenen Reinheit.

Das Gefühl der Dankbarkeit für unser Leben ist eine große Hilfe. Dabei müssen wir nicht einmal einer bestimmten Person oder Sache dankbar sein. Vielleicht sind wir für die karmischen Voraussetzungen dankbar, die uns die Möglichkeit geben, uns sinnvoll zu bemühen. Vielleicht sind wir dafür dankbar, dass wir körperlich in recht guter Verfassung und von allen schweren physischen Gebrechen frei sind.

Dankbarkeit heißt, dass wir positive Lebensumstände nicht als selbstverständlich hinnehmen. Je reicher die Menschen sind, desto eher betrachten sie ihre Privilegien und Vorzüge als eine Selbstverständlichkeit. Wenn wir uns bester Gesundheit erfreuen und das Leben uns zudem mit vielen günstigen Gelegenheiten beschenkt, nehmen wir diese wahrscheinlich ebenfalls für selbstverständlich – was nicht gerade unsere Zufriedenheit mehrt. Zufriedenheit wächst vielmehr aus der Dankbarkeit, die wir für alle positiven Lebensumstände fühlen.

Wir können nirgendwo zu Hause sein, wenn wir uns nicht selbst Zuflucht und Heimat sein können; wenn wir uns nicht entspannen, in uns keine Ruhe finden können. Wo unser Herz ist, fühlen wir uns zu Hause, nicht wo unser Körper ist.

Deswegen sind wir endlich zu Hause angekommen, sobald das Herz sich öffnet, sobald sich ein Gefühl der Wertschätzung einstellt, sobald wir dankbar, zufrieden, erleichtert und sorglos sind. Wenn wir uns so fühlen, sind wir überall auf diesem Erdball, ja überall im ganzen weiten Universum zu Hause.

Heimat, das kann unmöglich ein bestimmtes Haus, das können nicht die sogenannten vier eigenen Wände sein. Aber: Wo ist Heimat? Wo unser Zuhause? Versucht, es in eurem eigenen

Herzen zu finden – und nur dort. Ein gutes Zuhause sollte eine gewisse Wärme, eine behagliche Atmosphäre ausstrahlen, besonders wenn die Welt da draußen so kalt und unfreundlich zu sein scheint. Wo kann es solche Wärme geben, wenn nicht im eigenen Herzen?

In unserem Herzen müssen wir uns die Behaglichkeit schaffen, nach der wir uns sehnen; die Sorgenfreiheit, die jeder erstrebt; den Frieden, der so schwer fasslich ist und uns immer wieder entgleitet. Das Herz ist die Mitte unserer Schöpfung. In dieser Mitte müssen wir verweilen, besonders wenn wir Schwierigkeiten haben.

Solange alles reibungslos verläuft, schreiben wir dies unserem eigenen Geschick zu. Sobald es jedoch Probleme gibt, machen wir erstens zumeist die äußeren Umstände dafür verantwortlich und beginnen zweitens sofort, uns suchend nach Hilfe umzuschauen. Diese Hilfe können wir in unserem Herzen wirklich finden, aber nur, wenn wir die Grundlage dafür geschaffen haben, die unserem Leben ein tragfähiges Fundament gibt. Diese Grundlage ist der sichere, warmherzige und liebevolle Umgang mit uns selbst.

Es ist dumm, unser Glück von anderen abhängig zu machen. Vielleicht ist es sogar mehr als dumm. Wir sind schlicht und einfach verrückt, wenn wir unsere Sicherheit von anderen abhängig machen.

Wie können wir uns von jemandem abhängig machen wollen, der nach seinem eigenen Glück und seiner eigenen Sicherheit strebt, also in sich selbst ebenfalls haltlos ist?

Nur wer inneren Halt gefunden hat, hat auch etwas wirklich Wertvolles, hat sein Zuhause entdeckt. Wenn wir fest in unserem inneren Glück und unserer inneren Sicherheit ruhen, haben wir die Kraft und die Fähigkeit, allen Verwirrungen und

Schwierigkeiten zu widerstehen, die von außen an uns herangetragen werden.

Kein Mensch in dieser Welt kommt ungeschoren, ohne Verwirrungen, ohne Probleme, ohne *Dukkha* davon. Da gibt es keine Ausnahmen. Aber nur, wer seine eigene Mitte gefunden hat, weiß, wo er im Notfall Zuflucht finden kann: im eigenen Herzen. Der Notfall muss im Übrigen nicht unbedingt eine große Katastrophe sein. Auch alltägliche Anforderungen lassen sich besser aus der Geborgenheit einer guten Zuflucht heraus meistern. Wir fühlen uns dann sicherer, wenn zu viele Menschen durcheinander reden, wenn man etwas Ungewöhnliches von uns will, wenn wir bestimmte Erwartungen nicht auf der Stelle erfüllen können und so weiter.

In allen diesen Fällen können wir in unserem Herzen Zuflucht finden. Unser Herz ist unser Zuhause. Dort herrscht Wärme, Wertschätzung, Dankbarkeit und Zufriedenheit. Deswegen müssen wir lernen, den Weg zu unserem Herzen zu finden. Wir müssen uns darum bemühen, denn auch diese Fähigkeit kommt nicht von selbst.

Lernen können wir es, indem wir jeden unheilsamen Gedanken aufgeben, jeden unheilsamen Gedanken loslassen, bis nur noch Heilsames, Zweckdienliches, Nützliches und Positives in uns lebt. Je mehr unheilsame Gedanken wir hegen, desto befleckter und verschmutzter ist unser Zuhause, die Mitte, aus der heraus wir leben.

Wir gewinnen die Kraft, dies immer und immer wieder zu tun, wenn wir einmal gelernt haben, auch nur einen unheilsamen Gedanken fallen zu lassen. Dies zu tun bedeutet, dass wir mit einem gründlichen Hausputz beginnen. Wir fegen jeden Tag unser Zimmer. Wir fegen jeden Tag die Wege zwischen den einzelnen Gebäuden. Warum nicht also auch das Herz sauber fegen? Ja wir können sogar unser Herz sauber fegen, während wir damit beschäftigt sind, die Wege zu fegen. Wir müssen uns keine bestimmte Zeit dafür reservieren. Wir können es immer tun, zu jeder Tages- und Nachtzeit. Aber sauber fegen müssen wir unser Herz, damit es frei werden kann von Angst, Widerstand und Hoffnung. Hoffnung ist keine Wirklichkeit. Hoffnung und Angst gehören zusammen.

Mit einem Gefühl der Wärme und Sicherheit im Herzen lässt es sich auch besser meditieren. Es kommt noch besser: Unser ganzes Leben gewinnt eine neue Qualität. Es kommt uns so vor, als sei unser Leben zuvor gebrochen, gespalten gewesen. Nun ist es plötzlich ganz. Indem es ganz wird, fühlen wir uns ganz – und heil. Heil und heilig sind ein und dasselbe.

Das heißt, wir haben Zugang zum *Arya Magga,* zum Edlen Pfad, zum heiligen Leben gefunden. Und dies sind wir uns schuldig. Wir müssen es für uns und mit uns tun. Bitte, denkt alle daran! Wenn ihr die Wege, Blumenbeete, die überwachsenen Bäume, die Küche, das Geschirr und so weiter säubert, denkt bitte daran, dass die eigentliche Reinigung im Herzen stattfinden muss. Die äußere und die innere Reinigung sollten in ein- und demselben Augenblick geschehen. Aber dies fällt uns schwer. Wir vergessen so schnell, dass wir uns auch geistig-seelisch läutern können, während wir irgendwo etwas sauber machen.

Mit einer sauberen, festen Grundlage in unserem Herzen fühlen wir uns innerlich ganz liebevoll. Wir begegnen uns selbst mit liebevoller Zuwendung, und diese Liebe zieht zumeist auch die liebevolle Zuwendung zu unserer Umwelt nach sich. Wir müssen uns nicht mehr darum bemühen, nett zu anderen zu sein. Wir sind ganz natürlich und spontan nett, weil wir uns selbst freundlich behandeln. Dieser freundliche Umgang mit uns selbst hat nichts mit Selbstgefälligkeit oder Eitelkeit zu tun.

Er bedeutet nur, dass wir liebevoll zu uns sind. Sind wir zu uns selbst wirklich liebevoll, werden wir ohne Schwierigkeiten auch zu anderen liebevoll sein können. Die Folge ist ein Gefühl der Ganzheit.

Sobald dieses Gefühl der Ganzheit unser gesamtes Dasein durchdringt, werden wir kaum noch in den alten Zustand des Gespaltenseins zurückfallen. Wir sind einfach wie aus einem Guss. Wir fühlen uns nicht nur selbst so. Die anderen fühlen es auch an uns. Sie merken es uns an, spüren unsere Festigkeit. Zum einen haben wir uns damit selbst einen guten Dienst erwiesen. Zum anderen werden wir zum Ankerplatz. Wir sind nun ein Felsen, auf den andere sich stützen können. Ein Fels bröckelt nicht ab, wenn man sich auf ihn stützt. Nur fest und in sich geschlossen muss er sein. Weiches und poröses Gestein wird immer nachgeben. Wir müssen also darauf achten, dass wir in uns geschlossen sind – in der Mitte unseres Herzens. Darauf beruht unsere Festigkeit. Dann kann draußen in der Welt geschehen, was geschehen will. Unser Herz bröckelt nicht. Heiliges Leben heißt, dass wir ganz werden – heil, aus einem Guss.

IX

Das Unmögliche versuchen – den Geist bis zu seinen Grenzen spannen

Wir setzen uns gewöhnlich bei allem, was wir tun, willkürliche Grenzen, weil wir statt an das Mögliche nur daran denken, was unserer Meinung nach unmöglich, nicht realisierbar, unerreichbar ist. Indem wir unsere Leistungskraft in jedem Tätigkeitsbereich, besonders jedoch in dem, was unser spirituelles Leben anbelangt, von vornherein für begrenzt halten, bauen wir selbst die Sperren auf, die unser Denken dann behindern.

Könnten wir nur die Vorstellung aufgeben, dass irgendetwas nicht verwirklicht werden kann, weil es eben unmöglich ist, und es stattdessen für möglich und realisierbar halten, wir würden uns dem öffnen, was sich innen und außen als beständiges Fließen entfaltet und wandelt. Da der Geist jedoch immer nur auf seinen engstirnigen Überlegungen herumreitet, sind wir dafür im Allgemeinen nicht offen. Die engstirnigen Überlegungen sind unsere Vorlieben und Abneigungen, Sorgen und Ängste und die Widerstände gegen das Loslassen.

Wir nehmen nur einen Bruchteil der Phänomene und Ereignisse wahr, die sich im Kosmos abspielen. Unsere Sinne haben selbst in ihrem eigenen Wirkungsbereich nur eine begrenzte Aufnahmekapazität. Wir können kein ultraviolettes Licht sehen. Die Bienen sind dazu in der Lage. Hunde können Töne hören, die wir nicht hören können, weil unsere Ohren für diesen hohen Frequenzbereich nicht taugen. In diesen Fällen sind uns demnach sogar Tiere überlegen, Wesen also, die weniger entwickelt sind als wir selbst, weil sie nicht über die Fähigkeit des Denkens verfügen. Aber ihre Sinne sind den unseren teilweise überlegen. Sie können sehen oder hören, was wir mit unserem Wahrnehmungsapparat nicht sehen oder hören können.

Das ist keine besonders bedeutende Erkenntnis. Sie unterstreicht nur, dass der Kosmos voller Erfahrungen und Möglichkeiten steckt, von denen wir keine Ahnung haben. Wir begrenzen uns selbst, weil wir nicht unbegrenzte Möglichkeiten in Betracht ziehen.

Wissenschaft und Technik sind uns näher und wesentlich vertrauter als geistiges Wachstum, als die spirituelle Entwicklung. Wissenschaft und Technik sind heutzutage sozusagen unser Geburtsrecht. Und auf diesem Gebiet sind wir vielleicht ein wenig wagemutiger. Zumindest die wissenschaftliche Elite ist es.

Hätten die Wissenschaftler und Ingenieure den Mondflug von vornherein als unmöglich ausgeschlossen, dann wäre auch niemand zum Mond geflogen. Vor achtzig Jahren war der Mondflug sicher undenkbar, eine Fantasterei, davon zu sprechen, wohl nur ein Scherz. Für uns ist er schlicht eine Tatsache, nicht mehr, nicht weniger. Bedenkt, achtzig Jahre nur hat es gedauert. Das ist kaum mehr als ein durchschnittliches Menschenleben! Menschen haben an ein völlig unmögliches Vorhaben geglaubt – und so wurde es schließlich Wirklichkeit.

In der Meditation oder im spirituellen Leben ist es nicht anders. Jeder ist sich selbst der schlimmste Feind. Ihr habt keinen anderen Feind als euch selbst. Kein Mensch schränkt eure Meditation willkürlich ein. Kein Mensch setzt eurem geistigen Streben und eurer spirituellen Entwicklung irgendwelche Grenzen. Kein Mensch hält euch auf, wenn nicht ihr selbst, wenn nicht eure Gedankentürme und Vorstellungen, eure Idee, dass dieses oder jenes eben unmöglich, nicht realisierbar ist.

Dreht den Spieß einfach um. Denkt an das, was ihr tun könnt.

Dann wird das Unmögliche möglich. Es gibt im Grunde nichts, das ihr nicht tun könntet.

Das ist eine Binsenwahrheit. Sie gilt für alle Lebensbereiche, also auch für eure Meditation. Ihr könnt euch beim Meditieren konzentrieren. Ihr habt Zugang zu den meditativen Vertiefungen, könnt andere Bewusstseinszustände erfahren, wenn ihr nur endlich loslasst. Was loslasst? Alle Schranken und Sperren, die euch einreden: »Ich will nicht. Ich kann nicht. Ich muss damit erst einmal etwas besser klarkommen.« Lasst diese Sperren los. Lasst alle Blockierungen los, die euch nicht frei zu fließen gestatten. Gebt euch dem Unbekannten hin und die alten, gewohnheitsmäßigen Reaktionen auf.

Hingeben und Aufgeben sind die wichtigsten Schritte zu erfolgreicher Meditation. Wir geben uns dem Atem hin, in den Atemvorgang hinein und unsere Vorstellungen auf. Wir lassen das völlig verwickelte Knäuel unserer Gedanken los. Es hat ohnehin keinen Wirklichkeitsgehalt.

Nur drei Merkmale des Daseins gibt es, die wahr sind und die die Wirklichkeit treffend beschreiben: Vergänglichkeit, häufig auch als Unbeständigkeit bezeichnet (*anicca*); Nichterfüllung, häufig auch als Unbefriedigtsein und Leiden bezeichnet (*dukkha*); und Selbstlosigkeit, häufig auch als Unpersönlichkeit oder Nichtexistenz eines Wesenskerns bezeichnet (*anattā*).

Alle anderen Gedanken sind nutzlose Fantasiegebilde, vollkommen durchsetzt von Sichtweisen und Anschauungen. Wo soll da noch irgendein Raum für Konzentration oder meditativen Vertiefung bleiben? Wenn der Geist vollgestopft ist mit Ideen und er diese Ideen darüber hinaus den ganzen lieben langen Tag lang äußert, ungeheuer wichtig nimmt, pflegt, vermehrt und weitschweifig ausführt, wie soll er sich dann überhaupt konzentrieren können? Wo ist dann noch der nötige Platz dafür? Wenn ihr dermaßen auf Gedanken versessen seid, wo soll der Platz herkommen, an dem sich Beseligung entfalten könnte? Habt ihr dafür überhaupt noch Platz?

Es gibt nur einen Geist. Ihr habt nirgendwo einen anderen Geist verstaut, auf Vorrat sozusagen. Und dieser Geist, den ihr hier und jetzt habt, steckt voller Vorstellungen, spuckt am laufenden Band irgendwelche Ideen aus. Wie soll der gleiche Geist schlagartig damit aufhören, nur weil wir uns zum Meditieren hinsetzen? Das kann er nicht.

Aber wir haben eine andere Möglichkeit. Wir können den Geist schulen, sodass er ein ganz anderer Geist wird, als er jetzt ist. Dies ist realisierbar, weil die notwendigen Voraussetzungen schon jetzt in ihm angelegt sind. Würde nicht jeder Mensch das Buddha-Wesen in sich tragen, es wäre für uns sinnlos, Buddhas Lehren zu studieren, denn sie könnten dann in uns einfach nichts bewirken. Warum sollten wir uns damit abgeben, wenn wir das Unmögliche doch nicht möglich machen könnten? Buddha-Wesen – das ist der Zugang.

Es gibt etwas, das weit über unseren jetzigen Horizont hinausreicht, das unseren jetzigen Erkenntnisstand, ja sogar die Art des gewöhnlichen Erkennens sprengt. Und dies lockt uns, gibt uns den Anstoß, dass wir uns auf die Suche begeben, dass wir nach Transzendenz streben.

Wenn wir diesen Ansporn nicht hätten, es würde sich gar nichts mehr tun, es würde keinerlei Entwicklung mehr geben. Wir wären immer nur mit Banalitäten beschäftigt: »Es ist zu heiß! Wenn nur diese Mücken nicht wären! Wenn es nur besseres Essen gäbe! Oder nicht so viel! Oder nicht so wenig!« Etwas anderes würden wir dann nicht denken.

Indes, es gibt etwas, das unseren jetzigen Erkenntnisstand

überschreitet. Nicht, weil der Buddha es gesagt hat. Nicht, weil der Nachbar, unser bester Freund oder unser schlimmster Feind es gesagt hätten. Wer hat es uns überhaupt gesagt? – Tief in unserem Herzen lebt ein fundamentales Wissen, das zu uns spricht. Es sagt: »Es ist mehr am Leben dran als das, was ich bisher getan habe. Ich habe alles ausprobiert, getan, was alle anderen tun, meine schlimmsten Feinde nicht anders als meine besten Freunde. Es hat mich nicht befriedigt. Das Leben muss noch andere Möglichkeiten bieten.«

Woher kommt dieses Wissen? Ihr könnt nur euer eigenes Herz, euren eigenen Geist gebrauchen. Etwas anderes steht euch nicht zur Verfügung. Warum geht ihr also nicht etwas sorgsamer mit eurem Herzen und mit eurem Geist um? Seid bitte etwas rücksichtsvoller zu ihnen. Beobachtet Herz und Geist mit mehr Sorgfalt, behandelt sie wie ein kostbares Juwel, das ihr in Watte verpackt, damit es nicht herumgestoßen und zerkratzt wird. Mit vielen Kratzern kann der Geist nicht meditieren. Unmöglich, dass er es kann.

Nur ein beschützter Geist kann meditieren. Aber: Wer wird euren Geist für euch beschützen? Nur ihr selbst. Nur ihr selbst könnt euren Geist beschützen. Ihr tut dies ja auch für euren Körper. Ihr schützt ihn so gut es geht vor Verbrennungen, Wunden, Erschütterungen und Schlägen. Bei unvorhergesehenen Notfällen und Unglücken steht sogleich der Erste-Hilfe-Kasten bereit. Ein Arzt ist da oder sogar das Krankenhaus, die sich um den Körper kümmern.

Der Geist hingegen wird herumgestoßen, zerkratzt und geschlagen, von Gedankensalven und allen damit einhergehenden Ich-Bestätigungen bombardiert. Unaufhörlich drängt sich ihm die Begrenztheit weltlicher Überlegungen auf und prägt sich ihm in tiefen Furchen ein: »Ich mag dieses, jenes hingegen mag ich nicht. Ich will dieses, jenes hingegen will ich nicht. Das tut mir sehr leid. Jenes macht mich ungeheuer wütend. Dies ist kein guter Mensch.« Und so weiter. Nichts als Gedankenketten, die den Geist zerkratzen.

Wenn ihr wie alle Welt beständig auf eurem Geist herumkratzt, werden aus leichten Kratzern schließlich tiefe Wunden, die nur schwer verheilen und vernarben. Diese Wunden sind die Begrenzungen und Urteile, die wir dem Geist aufzwingen. In seiner eigenen Reinheit ist der Geist ein kostbares Juwel, ein Edelstein von höchster Güte. Keinem ist geholfen, wenn wir ihn zerkratzen und ihm tiefe Wunden zufügen.

Nichts geht ohne eine innere Vision, ein tief inneres Schauen. Diese Vision hat euch zur Meditation hingeführt. Nun müsst ihr dieselbe innere Vision auf euren Geist anwenden, damit er weit und offen werden kann. Macht euren Geist ganz weit, dass er das Unmögliche fassen kann, dass er sich einfach mit euch auf euer Kissen setzt und sich einem höheren Bewusstsein anvertraut, in dem weltliche Überlegungen ihn nicht mehr berühren.

Zu diesem Zweck müsst ihr loslassen. Ihr müsst alles loslassen, womit der Geist sich gewöhnlich beschäftigt. Anders geht es nicht. Wenn der Geist nämlich den ganzen Tag oben und unten, nach vorne und nach hinten herumgetollt ist, wenn er dagegen war oder dafür, sich gesorgt hat, unzulänglich gefühlt hat oder obenauf war, dann schleppt er diese Dinge auch mit zum Meditationskissen, dann trägt er sich beim Meditieren mit denselben Gedanken.

Leider könnt ihr eure Gedanken nicht zusammen mit euren Sandalen draußen vor der Halle abstellen. Das wäre wunderbar. Sie einfach abstellen wie die Sandalen. Aber das geht nicht. Ihr bringt sie mit herein in die Meditationshalle. Da sind sie also. Und was nun? Mehr Gedanken. Mehr Vorstellungen. Mehr

Abneigungen. Mehr Sorgen. Mehr Ängste. Mehr unerfüllte Hoffnungen. Das heißt: Mehr weltliche Interessen und Überlegungen. Indes haben sie hier gar nichts zu suchen. Sie gehören nicht auf das Meditationskissen. Das ist nicht der angemessene Aufenthalt für sie.

Hier geht es ja gerade um das Gegenteil: Dass der Geist weit wird und offen. Und diese Erweiterung kann nur geschehen, wenn sie nicht behindert wird, wenn euch nicht irgendwelche festen Vorstellungen den Zugang zu ihr verbauen. Also streckt euch, weitet euch, dehnt euch aus – so weit, so offen, dass das Unmögliche darin Platz hat. In der Meditation betreten wir ein vollkommen anderes Reich, ein Reich, vor dem all unser weltlicher Müll zurückbleibt.

Wenn ihr euch im Anschluss wieder weltlichen Aufgaben zuwendet, werden euch diese nicht weiter berühren. Ihr kümmert euch darum, tut, was getan werden muss, ohne euch hineinziehen zu lassen.

»Ihr Geist schwankt nicht, auch wenn er mit weltlichen Belangen in Berührung kommt«, heißt es in der *Mahā Maṅgala Sutta* über die Erleuchteten, die *Arahats*. »Von weltlichen Belangen zwar gestreift, schwankt ihr Geist doch niemals. Makellos sind sie, sorgenfrei und sicher. Ihnen gehört der größte Segen.«

Das heißt nicht, dass ihr euch nicht mehr um weltliche Angelegenheiten kümmern dürft. Wohl aber heißt es, dass die Erweiterung, die sich in einem von allen Blockierungen befreiten Geist entfaltet, diesem Geist zugleich eine neue, andere Sichtweise schenkt. Der Geist hat zu einer neuen inneren Vision Zugang gefunden.

Solange dies nicht geschehen ist, bleibt alle Meditation nur Wunschdenken: eine Hoffnung oder eine Art Beten. Hoffen und Beten ist im Allgemeinen nicht besonders wirksam. Wirksam ist nur, was von entschlossenem Vorgehen getragen wird, wenn ein überzeugendes Motiv den Geist zu handeln veranlasst.

Alles loslassen! Alles aufgeben! Darin zum Beispiel manifestiert sich ein entschlossener Geist. Deswegen ist es eine kraftvolle Geistestat.

Stellt euch vor, ihr hört einen Feuerwerkskörper explodieren, und während ihr die Explosion hört, lasst ihr zugleich die Vorstellung los, dass ihr einen Feuerwerkskörper explodieren hört. Das ist eine kraftvolle Geistestat! Darin steckt Mut und Kraft. Habt ihr es schon einmal versucht? Wenn ja, werdet ihr aus Erfahrung wissen, dass nur ein entschlossener, kraftvoller und aktiver Geist zu dieser Tat fähig ist.

Ihr gebt die Dinge nicht wohl oder übel auf. Aufgeben ist kein Wischiwaschi, Loslassen keine puddingweiche, wabbelige Belanglosigkeit. Es gehört Entschlossenheit dazu und Durchhaltevermögen. Wenn ihr nicht auf der Stelle damit beginnt, verschwendet ihr nur eure Zeit. Aber es ist eine Schande, ein wertvolles Menschenleben nutzlos zu vertun, eine Schande besonders dann, wenn wir schon unseren Weg bis in ein Meditationszentrum gefunden haben, uns daselbst auf unser Kissen setzen und, ja und? … und nichts anderes tun, als darüber nachdenken, was in der Welt so alles passiert.

Der Buddha charakterisiert meditative Sammlung in den Suttas grundsätzlich mit dem Wort »weltabgeschieden«. Den Geist von der Welt abscheiden heißt ihn beschützen. Es bedeutet, dass wir ihn beobachten und ihm den Raum zur Verfügung stellen, in dem er sich weiten und entfalten kann. Ohne einen gewissen Schutz entfaltet sich nichts zu seinem Vorteil, schon gar nicht etwas, das überhaupt noch nicht gereift oder gewachsen ist. Erst in einem *Arahat* ist der Geist zu vollständiger Reife gelangt. Unser Geist ist noch ein Säugling. Er braucht viel Schutz.

Und nur wir selbst können ihn schützen. Alle negativen Gedanken zerkratzen das Juwel, das der Geist ist. »Ich kann ihn nicht leiden. Ich kann sie nicht leiden. Ich bin gekränkt. Ich bin wütend. Ich fühle mich zum Heulen. Ich mache mir Sorgen …« – alles nur Kratzer auf unserem Geist. Wir können damit Schluss machen. Niemand anderes kann dies für uns tun.

Gewiss, wir sind schon längst darüber hinaus, die äußeren Anlässe verantwortlich zu machen, die Bedingungen, die unsere Reaktionen hervorrufen. Oder etwa nicht? Was wir auch in unserem Geist tragen, wir selbst haben es dorthin gebracht. Wir selbst, niemand anderes. Niemand denkt einen klugen Gedanken für uns. Warum sollte also irgendjemand auf die Idee kommen, unsere dummen Gedanken für uns zu denken? Niemand denkt unsere guten Gedanken für uns. Warum sollte also irgendjemand die schlechten für uns denken? Das ist unmöglich. Es geht einfach nicht.

Ihr selbst seid Wächter eures Geistes. Und ihr seid es auch, die ihn pflegt und entwickelt. Er ist vorläufig nur ein unbeackertes weites Feld. Noch ist er nicht gezielt bearbeitet worden. Gut, er hat einige Kratzer abbekommen. Wir haben ihm ein paar Wunden zugefügt, und er trägt die entsprechenden Narben. Vielleicht haben wir jedoch auch schon einige positive Samen in ihn gepflanzt. Ansonsten ist noch nichts mit ihm geschehen.

Schaut nach den guten Samen, und fördert ihre Entwicklung. Pflegt positive Geisteszustände. Sie sind die guten Samen. Und denkt immer daran, dass der gewöhnliche Geist auf dem Meditationskissen nichts verloren hat. Er gehört nicht dorthin. Wir können ihn außen vor lassen.

Auf dem Meditationskissen müssen wir verstehen, dass das Unmögliche möglich ist. Dort streckt sich der Geist in die Reiche höheren Bewusstseins hinein, welche von einer inneren Vision bestimmt sind, die alles als fließend, als beständigen Wandel erkennt.

In diesem Fließen gibt es nirgendwo einen Wesenskern. Keine Bange, dieses Verständnis wird kommen. Solltet ihr davon noch keinen Vorgeschmack bekommen haben, so vielleicht nur deshalb, weil ihr euren Geist nicht richtig beschützt habt. Oder macht ihr etwa äußere Umstände für eure Situation verantwortlich?

Alles zu seiner Zeit. Jetzt ist der Augenblick gekommen, dass ihr richtig meditieren lernt. Tut ihr dies nicht, so setzt sich das alte Spiel unendlich fort. Ihr werdet euch immer in derselben Situation wiederfinden. Ihr werdet *denken*, *denken* und nochmals *denken*. Von Konzentration oder meditativer Vertiefung keine Spur. Ja, ihr werdet nicht nur Gedanken haben, ihr werdet auch vieles ablehnen und euch maßlos über alle möglichen und unmöglichen Dinge ärgern, die, recht besehen, eigentlich nur lächerliche Lappalien sind.

Eure Aufmerksamkeit ist in fataler Weise fehlgeleitet, was zu folgenschweren Fehleinschätzungen führt: Ihr werdet die Totalität des Seins übersehen, die Unmittelbarkeit des Todes und natürlich auch die Möglichkeit, zu einem Bewusstsein vorzustoßen, das weit über alle Lappalien und Banalitäten hinausgreift. Es kommt noch schlimmer: Ihr werdet nicht erkennen, dass ihr selbst es in der Hand habt, euch einen Zustand jenseits von Kummer und Leiden zu erschließen. Alles dies werdet ihr übersehen und stattdessen euren Geist mit Dingen beschäftigen, die sogar noch unter Kindergarten-Niveau liegen.

Lasst los! Lasst diese ganze Verwirrung einfach sausen. Ihr verliert dadurch nichts. Ihr könnt trotzdem noch Blumen gießen. Auch wenn ihr loslasst. Ihr könnt immer noch ein gutes

Essen kochen, Briefe schreiben, euch etwas zum Anziehen nähen. Das geht wie von selbst. Alle weltlichen Aufgaben und Arbeiten erledigen sich ganz selbstverständlich, ohne den Geist zu behelligen oder zu beeinflussen. Der Geist bleibt dabei sorgenfrei, makellos und sicher.

Nur die Meditation verleiht dem Geist die nötige Kraft. Ihr könnt alles ausprobieren: den Geist sozusagen auf den Kopf stellen, ihn durchwühlen, das Oberste zuunterst kehren. Ihr könnt euch noch so bemühen, ihm auf die Schliche zu kommen. Ihr könnt verstehen, logische Schlüsse ziehen, analysieren, glauben, tun, was ihr wollt. Nichts davon hilft. Nichts davon gibt dem Geist Kraft, bringt euch weiter. Das geht auch gar nicht. Wenn es euch nämlich tatsächlich weiterbringen würde, müsste mittlerweile jeder Universitätsprofessor erleuchtet sein.

Seit undenklichen Zeiten versuchen es die Menschen auf diese Weise. Natürlich auch jene, die Buddhismus lehren und Bücher darüber schreiben. Die Regale stehen voll davon. Überall. Auf der ganzen Welt. Bei uns in der Bibliothek ebenfalls. Keiner dieser Autoren ist aber durch das Bücherschreiben zur Erleuchtung gelangt.

Das ist nicht der richtige Weg. Der Buddha hat niemals behauptet, dass es der richtige Weg wäre. Aber der Geist, der Geist bildet sich das schon ein. Glaubt, er muss nur lange genug in irgendwelchen Ecken herumwühlen und ein paar mehr Gedanken miteinander verknüpfen, dann könnte er es schaffen, könnte auf diesem Weg Erleuchtung erlangen. Absurd! Das kann der Geist nur glauben, weil er nicht weit und offen, sondern vielmehr ein Schrumpfgeist ist, der nicht von seinen eigenen läppischen Banalitäten loskommt.

Aber das wiederum kann der Geist nicht begreifen. Er kann weder seine eigene Engstirnigkeit noch die Notwendigkeit seiner Weitung und Öffnung begreifen. Er sieht nicht, dass dazu Geschmeidigkeit, Formbarkeit und alle die anderen Attribute gehören, die der Buddha in den Lehrreden erwähnt.

Wir brauchen einen Geist, der sich fließend allem öffnet und der damit alles Existierende umfangen kann. Jeder von uns hat einen Geist, und dieser Geist muss geöffnet, muss erweitert werden. Dies geschieht nicht von allein. Wir selbst müssen es tun, keiner ist von dieser Aufgabe ausgenommen, weil jeder einen Geist hat. Und wir können diese Aufgabe auch erfolgreich abschließen. Einzige Voraussetzung: ein gesunder menschlicher Geist. Diesen gesunden Geist müssen wir pflegen, weiterentwickeln, anstatt unsere Energien an den gewöhnlichen Kleingeist zu vergeuden.

Es ist pure Zeitverschwendung, den gewöhnlichen Kleingeist zu hätscheln. Damit haben wir uns Leben um Leben abgegeben. Jahr für Jahr haben wir unsere Energie darin investiert. Es auch weiterhin zu tun ist völlig nutzlos. Wir müssen den gewöhnlichen Kleingeist nicht mehr weiterentwickeln. Er ist so kräftig, wie wir ihn brauchen.

Wir sind alle in der Lage, für unsere Nahrung zu sorgen, uns anzuziehen, uns zu waschen und um alles zu kümmern, was wir im Laufe des Tages an Arbeiten und Pflichten zu erledigen haben. Jeder kann das. Wir brauchen diese Fähigkeit nicht zusätzlich auszubauen. Es ist bereits getan. Wir können uns freuen, denn wir haben es geschafft.

Jetzt geht es um etwas anderes: um die Entwicklung des offenen, weiten Geistes. Die Aufgabe lautet, alle Hindernisse loszulassen, den Geist freizumachen für das Unmögliche, das sagt: »Alles ist getan, geblieben ist Frieden.« Dies aber können wir nicht bekommen, uns nicht aneignen und auch nicht im gewöhnlichen Sinne besitzen. Wir müssen loslassen. »Bekommen« funktioniert nicht. »Greifen« greift ins Leere. Greifen ist der schlimmste Fehler: »Ich will Frieden! Ich will Glück! Genau das will ich haben, von meinem Lehrer, meinen Freunden, den Menschen, denen ich begegne.«

Aber es gibt nichts, das wir bekommen könnten. Und es gibt auch niemanden, der es uns geben, es uns schenken könnte. Wir brauchen einfach nur loszulassen. Dann stellt sich Weisheit ein. Sind alle übrigen Gedanken freigelassen, ist plötzlich Frieden da. Aber niemand kann diesen Frieden des Herzens und Geistes an andere weitergeben.

Der Buddha hat von sich gesagt: »Ich zeige euch nur den Weg.« Was also soll ein Lehrer machen, wenn auch der Buddha nur den Weg weist? Etwa Frieden verteilen? Kann irgendein Lehrer mehr tun und besser sein als der Buddha? Unmöglich. Absurd. Wir können solche Gedanken nur als verrückt erkennen und von der Hand weisen.

Trotzdem zwingt sich der Geist all diese völlig unsinnigen Windungen auf und will sie obendrein noch so real wie möglich machen, anstatt sie loszulassen und damit Frieden und Glück zu verwirklichen. Solange aber Frieden und Glück nicht verwirklicht sind, sind alle Geistesinhalte von Natur aus Sperren und Hindernisse.

Trauer, Schmerz, Kummer und Klage sind emotionale Plagen. Sie haben keine feste Grundlage. Als der Buddha starb, war sein Diener Ananda nur ein »in den Strom Eingetretener« (*sotâpanna*), das heißt, er gehörte zur niedersten Kategorie der vier Arten edler Schüler. Ananda trauerte, klagte und weinte. Die Mönche, die bereits die Stufe der Arahatschaft verwirklicht hatten, saßen hingegen ganz ruhig da und folgten gefasst dem Gang der Ereignisse. Der Buddha rief Ananda zu sich und fragte ihn: »Warum weinst du? Etwa, weil dieser alte Körper endlich abgeworfen wird?« Ananda erwiderte: »Ich weine, weil ich meinen mitfühlenden Lehrer verliere, der mir den Weg gewiesen hat.« Darauf der Buddha: »Ich habe alles gesagt, was du wissen musst, um Erleuchtung zu erlangen. Ich habe nichts verborgen, nichts zurückgehalten. Du brauchst nur weiter damit zu arbeiten.«

Die Lehre geht nur in eine Richtung; in eine einzige Richtung. Das ist ausgezeichnet, denn es bedeutet, dass wir uns nicht mit irgendwelchen Alternativen abplagen müssen. Wir verschwenden so ungeheuer viel Zeit mit der Frage: »Was könnte ein geeigneter Weg für mich sein? Soll ich diesen Weg gehen oder jenen?« Daraus entstehen nur Streit, Auseinandersetzung, Sorgen und Zweifel. Wenn wir uns so fragen, verschwenden wir nur kostbare Energie, kostbare Geistesenergie.

Der Geist braucht sehr viel Energie, wenn er sich öffnen und bis zu seinen Grenzen spannen will. Vergeudet er diese Energie mit fruchtlosen Auseinandersetzungen oder verwendet er sie für weltliche Interessen, dann verfügt er nie über die zu seiner Weitung notwendige Kraft. Der Geist muss vollkommen unbeeindruckt und unbeeinflusst sein, wenn man sich auf dem Kissen zum Meditieren niederlässt.

Einmal kam ein neunjähriges Mädchen mit ihrer Mutter zu einem Meditationskurs bei mir. Ich erklärte ihr, was sie tun sollte, nämlich den Atem beobachten, und sagte dann: »Wenn es dir zu lang wird, steh einfach ganz leise auf und geh hinaus. Wir werden ungefähr eine Stunde lang sitzen. Aber du kannst ruhig weggehen. Störe nur niemanden dabei.«

Wir setzten uns also, und ich schaute gelegentlich zu ihr hinüber. Als eine halbe Stunde vergangen war, saß sie immer noch auf ihrem Platz. Nach einer Stunde erhoben wir uns alle. Sie kam zu mir und sagte: »Ich möchte Sie etwas fragen.« – »Ja, bitte«, antwortete ich, »was denn?« – »Dürfen wir das auch bei uns zu Hause machen?« – »Aber natürlich. Warum fragst du?« – »Nun, es war einfach so wunderschön.«

Sie hatte sich einfach hingesetzt und meditiert. Wunderbar! Da war keine Stimme in ihrem Geist, die sie störte: »Ich schaffe es nicht. Ich kann mich unmöglich konzentrieren.« Nichts dergleichen. Natürlich bedeutet dies nicht, dass sich jedes x-beliebige neunjährige Mädchen hinsetzen und meditieren kann. Trotzdem ist es ein wunderbares Beispiel für einen kindlichen Geist, der bereits reif genug war zu erkennen, dass Sitzen und Meditieren möglich, machbar ist. Die meisten Neunjährigen wollen dies wahrscheinlich nicht. Sie gehen lieber Schwimmen. Dieses Mädchen jedoch hatte fabelhaft gesessen.

Nähert euch eurem Kissen mit einem kindlichen Geist, Vergesst alles Übrige. Lohnt es sich überhaupt, etwas anderes im Geist zu bewahren? Fällt euch irgendetwas ein, das wichtig genug wäre? Gibt es irgendwelche bedeutenden Dinge, an die ihr unablässig denken, die ihr unaufhörlich im Geist hin- und herwälzen müsst? Überlegt es euch. Gibt es irgendetwas, das ihr um jeden Preis im Geist behalten müsst? Schreibt sie euch auf, wenn ihr eine solche Sache findet. Dann könnt ihr sicher sein, dass ihr sie nicht vergessen werdet, und sie infolgedessen beruhigt loslassen. Ich zum Beispiel muss daran denken, wem ich noch alles schreiben sollte und was zu tun bleibt, damit die Gebäude endlich fertig gestellt werden können. Ich notiere mir das und vergesse es dann. Ich kann mich an nichts erinnern. Im richtigen Augenblick schaue ich dann in meinem Notizbuch nach.

Schreibt euch unbedingt auf, was so wichtig ist, dass ihr es unmöglich vergessen dürft. Zum Beispiel: »Wie werde ich mit dieser Person quitt, die mich vor zwei Wochen fürchterlich gekränkt hat?« Das ist wirklich wichtig. Das müsst ihr euch unbedingt aufschreiben. Und dann vergesst die ganze Sache. Wenn ihr wieder einmal Zeit habt nachzuschauen, dann nehmt euer Notizbuch zur Hand und blättert darin herum. Ihr werdet entdecken, dass alle diese Wichtigkeiten absurd und unsinnig sind. Ihr werdet euch fragen: »Ich möchte einmal wissen, wozu ich das überhaupt aufgeschrieben habe?« Auch zukünftige Aufgaben und Pflichten solltet ihr euch notieren und dann einfach vergessen.

Nähert euch eurem Kissen vollkommen unbelastet, vollkommen offen und frei, mit der Überzeugung, dass ihr es schaffen werdet. Jawohl: Ihr könnt sitzen. Ihr könnt ganz gesammelt sein. Jawohl: Ihr könnt euch einen anderen Bereich des Verstehens und der Bewusstheit erschließen. Ihr könnt den Geist so entwickeln, dass er für ein spirituelles Leben taugt. Glaubt einfach daran, auch wenn ihr es noch nicht erfahren habt. Habt Vertrauen. Deswegen sind Kinder eine so angenehme Gesellschaft. Sie haben Vertrauen. Sie kennen keine Skepsis, keinen Argwohn.

Woher kommen unsere Zweifel? Woher unser Argwohn? Wir ziehen beständig alles in Zweifel: unsere Fähigkeiten, die Fähigkeiten der anderen, den Lehrer, die Lehren, die Schulung, einfach alles. Warum? Unterschwellig denken wir wahrscheinlich: »Ich glaube, ich könnte das besser machen.« Bitte. Aber dann tut es auch. Macht es wirklich besser. Tut mir den Gefallen. Macht es besser, und werdet erleuchtet.

Zu diesem Zweck müsst ihr alles Übrige einfach fallen lassen. Ihr braucht eine innere Vision und die innere Überzeugung, dass es noch etwas anderes gibt als das Gewöhnliche. Mit dieser inneren Vision und Überzeugung werdet ihr die andere Wirklichkeit auch tatsächlich finden. Sie ist da. Sie will nicht etwa versteckt bleiben. Sie will gefunden werden. Der Buddha hätte nicht fünfundvierzig Jahre seines Lebens auf seinen Wanderungen immer wieder davon gesprochen, wenn sie nicht gefunden werden wollte. Und die *Arahats* wären nicht erleuchtet worden, indem sie ihm zuhörten. Ja, auch heute gibt es noch Menschen, die Erleuchtung erlangen. Es ist also möglich.

Wir brauchen nur den kindlichen Glauben, dass das Unmögliche möglich ist. Kinder glauben an den Weihnachtsmann. Den gibt es zwar nicht, ihr Glaube ist also nicht fundiert, und trotzdem glauben sie daran. Sie glauben an gute Feen und kleine Zwerge, an alle unmöglichen Dinge.

Ich weiß nicht, vielleicht gibt es tatsächlich Feen und Geister. Das ist eigentlich unbedeutend. Entscheidend ist der kindliche Glaube. Und genau diesen Glauben brauchen wir auch, wenn wir mit unserer Meditation Erfolg haben wollen. Wir müssen frei sein von aller Skepsis, frei davon, uns im Geist alles zusammendenken und durchschauen zu wollen. Wir dürfen weder gescheiter als gescheit, noch cleverer als clever sein wollen. Das funktioniert nicht. Nur Weisheit hilft uns weiter. Aber Weisheit kann nur aus einem reinen Herzen entstehen.

Wir sind darauf trainiert, clever zu sein. Wir sind gern gescheit und überlegen. Das klingt gut und fühlt sich auch gut an. Und wisst ihr, warum es sich gut anfühlt? Es bestätigt unser liebes »Ich«: »Schaut, wie gescheit und clever ich bin. Ich habe für alles eine Erklärung. Dafür und dafür und dafür. Ja, ich kann euch alle Einzelheiten und Zusammenhänge besser erklären als irgendjemand.« Nutzloses Gerede. Es hat noch nie irgendeinen Menschen glücklich gemacht. Es hat noch nie irgendjemandem irgendetwas gegeben.

»Clever« hat den leichten Unterton von »nicht ganz sauber«, »nicht so ganz nett«. Das Wort an sich ist jedoch positiv. Es hat nicht die gleiche Bedeutung wie sein Unterton. Wie dem auch sei. Clever sein oder gescheit sein bedeutet, dass die Windungen des Geistes im Mittelpunkt des Interesses stehen.

Hier auf dem Kissen zu sitzen kann die schönste Erfahrung sein, die ihr jemals gemacht habt oder jemals machen werdet. Allerdings kommt sie nicht von selbst. Ihr müsst euch darum bemühen, und zwar aus gutem Grund. Was der Buddha auch gesagt hat, welche seiner Lehren ihr auch hört, sie werden für euch niemals den Beiklang des Unerreichbaren, des Außergewöhnlichen verlieren, wenn ihr das Sitzen nicht zu eurer schönsten Erfahrung macht, wenn ihr euch nicht bemüht, dass es so werden kann.

Buddhas Lehren dringen in die tiefsten Tiefen der menschlichen Psyche vor. Dorthin kann der gewöhnliche Geist ihnen nicht folgen. Der Geist kann Buddha nicht begreifen, solange er nicht durch Sitzen, durch Meditieren seine tieferen und außergewöhnlichen Qualitäten wahrgenommen hat. Die Lehren entziehen sich dem Zugriff des gewöhnlichen Geistes. Der gewöhnliche Geist verfügt weder über die Tiefe noch über die Weite, um tatsächlich zu durchdringen, was der Buddha gelehrt hat. Ihr müsst also zuerst den Geist weit und offen machen, damit er das kostbare und unvergleichliche Juwel wird, das er sein kann.

Die Meditation zur vollkommenen Versenkung oder meditativen Vertiefung in den *Jhānas* ist Mittel zum Zweck. Sie führt zur Einsicht. Ohne sie, das heißt ohne die *Jhānas*, kann keine vollkommene Einsicht entstehen. Sie kann sich dann einfach nicht entfalten.

Wenn der Geist nicht offen und weit ist, werden seine Trübungen die Einsicht stets behindern und ebenfalls trüben. Die Begrenzungen eures Geistes sind zugleich die Grenzen eurer

Verständnisfähigkeit. Was der Buddha auch gesagt hat, ihr werdet es nur soweit verstehen, wie euer Geist weit und offen ist. Je begrenzter euer Geist, desto begrenzter ist auch euer Verständnis des *Dhamma*. Und der Geist ist immer begrenzt. Nur wenn er alles andere losgelassen hat, wird er offen und weit gespannt. Nur dann kann er die Totalität von *Anicca*, *Dukkha* und *Anattā* beherbergen. Der gewöhnliche Geist ist dafür viel zu vollgepackt, mit allen möglichen Dingen belastet. Wie soll dann noch etwas anderes in ihm Platz finden?

Solange die Vorstellungen und Hindernisse des Geistes nicht weggeräumt sind, ist nicht genug Platz. Solange noch etwas im Geist zurückbehalten wird, bleibt das Verständnis der Lehre zwangsläufig begrenzt. Was es auch ist, es wird den Lehren den Zugang verwehren.

Aber vielleicht haben wir Glück. Vielleicht ist irgendwo noch ein bisschen Platz in unserem Geist – ein kleiner Freiraum, der nicht mit anderen Dingen vollgestopft ist. Diesen kleinen Freiraum können wir erweitern, wenn wir auf dem Kissen sitzen und meditieren. Unser Sitzkissen ist also der Ort, wo wir den Geist vorbereiten, damit wir Einsicht gewinnen und die Bewusstseinsräume erfahren können, die für die Erleuchtung Voraussetzung sind.

Tut es den Kindern gleich. Glaubt an das Unmögliche. Glaubt einfach daran, dass ihr es schaffen werdet.

X

Formbarer Geist

In den Lehrreden Buddhas finden wir häufig die Formulierung: »Geschmeidig sollte der Geist sein, formbar, leicht zu handhaben und darüber hinaus standhaft.« – Aber, wie wird er das? Wie wird er geschmeidig, formbar und leicht zu handhaben? Nur ein Weg führt dahin: Loslassen. Der gewöhnliche, ungeschulte Geist haftet an. Er ist unnachgiebig und gewissermaßen klebrig. Alles bleibt an ihm hängen. Er denkt deswegen immer über den gleichen alten Plunder nach, misst das momentane Geschehen am Gewesenen. Er kann sein eigenes Ungenügen, sein Unbefriedigtsein *(dukkha)* nicht loslassen.

Damit hört es jedoch nicht auf. Er ist nicht nur klebrig, sondern obendrein begrenzt. Er beschränkt sich auf seine Denkgewohnheiten, bleibt in den Grenzen seiner Projektionen, die ihn ganz in Beschlag nehmen, sodass er nicht die Chance hat, weiter zu werden und offen. In diesem Sinn gleicht er einer Einfriedung mit einem hohen Lattenzaun. Hinter seinem Zaun produziert er fortlaufend Gedanken und schickt seine Projektionen aus. Wie eine Ratte rast er wild geworden in seiner Falle umher. Immer wieder rennt er dieselben Wege, beschäftigt sich mit demselben alten Zeug. Schaut einmal genauer hin. Überprüft selbst die Tätigkeit eures Geistes.

Wann habt ihr das letzte Mal etwas vollkommen Neues gedacht? Wann einen Gedanken gehabt, der euch noch niemals zuvor gekommen ist? Diese Fragen sind kein Spiel mit Worten, sondern Hinweise auf Realitäten. Sie haben mit eurem Leben zu tun, mit eurer Wirklichkeit. Wann habt ihr zum letzten Mal etwas vollkommen Neues in eurem Geist erwogen, einen Gedanken, der eure Einsicht erweitert, euch die Augen geöffnet hat für das Universum, in dem wir leben? Habt ihr keinen derartigen neuen Gedanken denken können, bedeutet dies, dass sich euer Geist weiterhin im alten Kreis dreht, wie eine Nadel, die immer wieder dieselbe Stelle einer Schallplatte abspielt, weil sie dort hängen geblieben ist.

Die Übung der Meditation ist der richtige Weg, den Geist zu erweitern. Ihre Konzentration schenkt dem Geist eine ganz neue Art der Erfahrung, eine neue Erlebnisqualität. Der Geist wird gesammelt und hört auf zu denken. Sobald dies geschieht, setzt die Erfahrung der dem Geist innewohnenden Reinheit ein. Der Geist kann nun in eine neue Form modelliert werden. Er wird formbar.

Bis zu diesem Zeitpunkt ist er in seinen alten Mustern verhärtet. Erst wenn das gewöhnliche Gedankenkreisen aufhört, gewinnt der Geist Zugang zu neuen Funktionsmöglichkeiten. Dann erfährt er etwas vollkommen Neues, und dieses Neue fördert ein anderes Verstehen: Es wird nun die Möglichkeit erkannt, dass der Geist ganz anders denken kann, als in der Vergangenheit.

Wir werden etwas vorsichtiger. Wir lassen uns auch außerhalb der Perioden formaler Meditation nicht länger von jedem Gedanken narren, der im Laufe des Tages auftaucht, weil wir nun unmittelbar sehen, dass er eigentlich keine Grundlage hat. Jeder Gedanke ist den Täuschungen des »Ichs« unterworfen, das ebenfalls grundlagenlos und nicht fundiert ist. Wir erkennen, dass die Gedanken Projektionen sind und auf alten Mustern, alten Denkschablonen beruhen. Diese alten Denkschablonen sind nutzlos. Sie haben niemals ein Verständnis absoluter

Wirklichkeit vermittelt. Wir dürfen sie getrost im Lichte dieses Mangels besehen.

Das heißt nicht, dass wir sie sofort loswerden. Es heißt nur, dass sie mit Vorsicht zu genießen sind. Sie sind eine alte Gewohnheit, mehr nicht – noch dazu nicht einmal eine besonders empfehlenswerte. Sie haben niemals Glück und Frieden geschenkt oder irgendeinen anderen Seinszustand, nach dem wir uns wirklich sehnen.

Wenn wir dies einsehen, prägt eine gewisse Vorsicht unseren Alltag. Wir nehmen nicht einfach alles so, wie es auf den ersten Augenschein aussieht, und reagieren einfach darauf. Aber die Entwicklung geht noch weiter: Wir begegnen allen Dingen und Ereignissen mit neuer Frische. Was auch geschieht, was wir auch hören, sehen, denken oder berühren, wir erfahren es mit einer Art kindlichem Staunen, ohne darüber das Einsichtsvermögen und die Denkschärfe eines Erwachsenen zu verlieren.

Kinder besitzen nicht unbedingt die kindliche Weisheit, die wir Erwachsenen ihnen gerne andichten, wenn sie auch zu einer unverfälschten Begegnung mit allen Phänomenen fähig sind, die in den Kreis ihrer Wahrnehmungen treten. Allerdings verfügen sie nicht über das Einsichtsvermögen, daraus Nutzen zu ziehen. Wir Erwachsenen sind diesbezüglich in einer besseren Position. Wir haben einerseits die Beschränkungen der kindlichen Erfahrungswelt hinter uns gelassen und sind unter bestimmten Voraussetzungen trotzdem in der Lage, wie ein Kind wahrzunehmen, so als hätten wir nie zuvor irgendetwas gesehen, gehört, gerochen, geschmeckt, berührt oder gedacht. Auf diese Weise können wir unsere Sinneskontakte völlig neu verstehen. Damit aber können wir die Wirklichkeit, zumindest für einen Augenblick, so sehen, wie sie tatsächlich ist.

Sie ist ein Geist, der sich fortwährend weitet und öffnet.

Unsere Denkschablonen produzieren immer wieder dieselben Gedanken. Was sind sie? Worum kreisen sie? – »Ich will. Ich will nicht. Ich werde haben. Ich werde bekommen. Ich werde. Ich war. Ich erinnere mich. Ich hoffe. Ich plane …« Und so weiter. So sieht die übliche Gedankenmühle aus, der in sich geschlossene Gedankenkreis, der keine Öffnung kennt.

Zeigt unsere Meditation dann gewisse Fortschritte, öffnet sich dieser Gedankenkreis für neue Möglichkeiten. Wir können erkennen, dass unsere alten Denkschablonen kindisch und unreif sind. Wohlgemerkt: kindisch, nicht kindlich, nicht frisch und neugierig, wie sie sein sollten. Wir können diese Unreife jedoch abschütteln, weil der Geist geschmeidig, gefügig und formbar gemacht werden kann. Er hat die dazu notwendigen Anlagen.

Der Buddha hat den Geist häufig mit Gold verglichen, das in seinem Rohzustand noch mit fünf anderen Metallen vermischt ist. Da es noch kein Feingold ist, kann auch kein Goldschmied damit arbeiten. Unreinheiten machen es brüchig. Man kann es nicht formen.

Um es formbar zu machen, muss der Goldschmied es erhitzen und die fünf Unreinheiten herausschmelzen. Dann ist Gold erst Gold, so geschmeidig, dass sich Schmuckstücke aller Art daraus fertigen lassen. Der Buddha hat diesen Prozess als Gleichnis für die Fünf Hindernisse benutzt:

1. Sinnesbegehren;
2. Ablehnung und Böswilligkeit;
3. Faulheit und Trägheit des Geistes;
4. Unruhe und Rastlosigkeit;
5. skeptischer Zweifel.

Erst wenn der Geist diese Fünf Hindernisse abgestoßen hat, ist er das Gold, das uns Erleuchtung schenken kann. Nur diese Loslösung kann den Geist wirklich befreien, sodass wir mit uns selbst und mit der Welt in völliger Sorgenfreiheit und Harmonie leben können.

Die Meditation verfolgt ein Ziel. Sie will die Ruhe und den Frieden schenken, in dem die Erfahrung etwas völlig anderes wird, als sie gewöhnlich ist, und der Geist infolgedessen willig und fähig wird, ganz neuen Vorstellungen Raum zu geben.

Zum Beispiel die Vorstellung des Nichtselbst, die sich radikal von unseren gewöhnlichen Vorstellungen unterscheidet. Hören wir diese Vorstellung nur häufig genug erwähnt und erklärt, werden wir sie auch probeweise akzeptieren. Sie ist dann lediglich ein Denkmodell. Das reicht nicht aus, denn es werden im Geist keine tief greifenden Veränderungen stattfinden, wenn wir nicht ganz bewusst damit arbeiten. Die alten Muster können nur dann augenblicksweise aufgebrochen und aufgehoben werden, wenn wir tatsächlich allen Dingen und Ereignissen so begegnen, als hätten wir sie niemals zuvor gesehen, als hätten wir niemals zuvor von ihnen gehört – wenn alles frisch und neu in unserem Wahrnehmungsfeld entsteht. Wenn der Geist auch nur für einen kurzen Moment konzentriert ist und wir etwas erfahren, das wir noch niemals zuvor erfahren haben, lösen sich die alten gewohnheitsbedingten Muster auf.

Solange wir jedoch mangels Bemühung nicht zu dieser Erfahrung kommen, wird der Geist für den Rest unseres Lebens in derselben Spur festhängen. Das Geschehen wird auch weiterhin ausschließlich um das »Ich« kreisen und darum, was dieses »Ich« »will« oder »nicht will«. Dies ist so beschränkt, dass es geradezu albern ist. Wie groß ist dieses »Ich« eigentlich im Vergleich zum weiten, unendlichen Universum? Es ist nicht einmal so groß wie Fliegendreck! Wie soll es dann wichtig sein? Spielt es in diesem großen Zusammenhang wirklich eine Rolle, ob »ich« etwas will oder nicht will? Trotzdem läuft im Geist immer das gleiche Spiel ab. Beobachtet es. Womit beschäftigt sich das »Ich«? Mit dem, was »ich« mag und was »ich« nicht mag. Womit sonst? Was »ich« in der Vergangenheit immer so gemacht habe und was »ich« in der Zukunft machen werde.

Beobachtet euren Geist mit der größtmöglichen Sorgfalt. Das ist ungeheuer wichtig, denn ihr werdet auf diese Weise bemerken, wenn eine völlig revolutionäre Vorstellung auftaucht, etwas, das ihr noch nie zuvor gedacht habt. Nur dann, nur in einem solchen Moment, hat sich der Geist ein klein wenig geöffnet, ein klein wenig geweitet. Das ist ein wichtiges Ereignis. Es darf eurer Aufmerksamkeit nicht entgehen.

Jede Vorstellung, die der Geist noch nie zuvor erwogen oder gedacht hat, können wir ein »Einsichtsbaby« nennen. Übt dieses noch unentwickelte Einsichtsbaby aber keinerlei Einfluss auf unsere Handlungen und Reaktionen aus, war es auch nicht wirklich eine Einsicht, sondern nur einer von vielen »Kopfgedanken«, ein bloß intellektuelles Verständnis. Solange sich unsere Handlungen und Reaktionen nicht verändern, hat sich auch nichts Entscheidendes getan. Ob es so ist oder nicht, können nur wir selbst beurteilen. Wir allein kennen unsere Vorlieben und Abneigungen. Deswegen können auch nur wir selbst beurteilen, ob wir uns wirklich verändert haben.

Ein weiter, offener Geist sieht alles in universellem Zusammenhang. Kein Geschehen ist im eigentlichen Sinne persönlich. Leiden (*dukkha*) ist universell. Unbeständigkeit (*anicca*) ist universell. Nichtexistenz eines Wesenskerns (*anattā*) ist universell. Was auch existiert, es ist universell. Das Begehren und seine nachfolgenden Manifestationen in Begriff und Gestalt sind universell.

Das ist noch nicht einmal eine Philosophie oder Psychologie. Darum geht es nicht. Worum es geht, ist die Weitung und

Spannung des Geistes zu einem Aspekt der Totalität. Darin haben die Besonderheiten unserer Erfahrung nicht mehr die Bedeutung, die sie einmal hatten. Wenn dies geschieht, sind wir auf dem richtigen Weg. Wir müssen vom Boden abheben wie eine Rakete. Wir müssen in Bewegung kommen. Solange die alten Reaktionsmuster und Denkschablonen nicht aufgebrochen sind, haben wir noch nicht einmal den Anfang geschafft. Wir haben noch nicht einmal begonnen, uns zu entwickeln.

Wir können jede einzelne Lehrrede Buddhas intellektuell verstanden haben, ohne dass sich deswegen irgendetwas Wichtiges getan, irgendeine einschneidende Änderung stattgefunden haben müsste, denn es geht nicht um solches intellektuelles Verstehen. Vielmehr müssen wir den Geist weiten und spannen, dass er die Universalität allen Daseins begreift. Nur dann wird die relative Wirklichkeit uns nicht mehr in derselben Weise prägen und beeinflussen wie bisher.

Ein formbarer Geist ist geschmeidig. Er kann sich frei bewegen. Er kann sich öffnen und weit spannen. Mit seiner Hilfe können wir ein bisschen weiter schauen als bisher, weiter als nur bis zu unserer eigenen Nasenspitze. Das ständige Sich-Beschäftigen mit »Ich« und »Mein« ist zu beengt, zu kleinkariert. Es kann unmöglich aufnehmen, was allumfassend ist. Der wahrhaft geschmeidige Geist ist dagegen tatsächlich allumfassend. Er kann alles umfangen.

Beschaut euch genau, was sich in eurem Leben abspielt. Achtet darauf, ob sich in der letzten Zeit Offenbarungen aufgetan und neue Reaktionen gezeigt haben. Wenn ja, untersucht, ob diese zu einschneidenden inneren Veränderungen geführt haben. Ist dies tatsächlich geschehen, müsst ihr euch diese inneren Veränderungen immer wieder bewusst machen, sodass sie euch in Fleisch und Blut übergehen.

Wie sehen diese Veränderungen aus? Woran können wir sie erkennen? – Zum Beispiel daran, dass wir immer weniger um unsere Annehmlichkeiten besorgt sind, um unsere Besitzstücke, Vorstellungen, Hoffnungen, Wünsche und um unser äußeres Fortkommen. Stattdessen fragen wir uns zunehmend, was wir geben, wie wir wachsen können. Wir fragen uns, was wirklich heilsam ist und deswegen sinnvoll genug, um es im Laufe unseres kurzen Menschenlebens zu verwirklichen. Dies sind die ersten sichtbaren Zeichen für eine Erweiterung unseres Horizonts, die zahlreiche Konsequenzen hat.

Sie erzeugt gutes Karma und damit auch im gewöhnlichen Alltag unmittelbare Wirkungen (*vipāka*), die sehr positiv sind. Unser Alltag ist im Allgemeinen eine Abfolge sehr beschränkter Ereignisse. Es tut sich nicht viel. Es gibt nur wenige herausragende Momente im Leben. Die alltägliche Tretmühle ist eher voller Unwesentlichkeiten, eher trivial – und so reagieren wir auch.

Immerhin ist dieser Alltag ein nützliches Feld für unsere Beobachtung des Geistes. Wir können immer und immer wieder schauen, was eigentlich gespielt wird. Hat sich der normale Kleingeist irgendwie gewandelt? Haben wir uns verändert? Hat sich eine neue Entwicklung aufgetan? Habe ich anders reagiert, anders gedacht? Kann ich mich so weit, so offen machen, dass der normale Kleingeist wegfällt, wenn auch nur für Augenblicke, und dass ich mich für diese kurzen Augenblicke als Teil alles Seienden empfinde?

Solange wir in den Schranken des gewöhnlichen Körpers und Geistes eingesperrt sind, kann es kein wirkliches Glück geben, weil wir dann wie in einem Gefängnis festsitzen. Unser Körper ist ein Gefängnis, und unser Geist ist es auch, solange er nicht weit und offen, solange er noch der gewöhnliche Kleingeist ist. Dann warten wir darauf, dass endlich irgendjemand vorbeikommt und das Gefängnistor für uns öffnet. Da nur wir selbst den Schlüssel dazu haben, können wir ewig warten.

Wir werden die Wahrheit nicht entdecken, es sei denn, wir erleben, dass der Geist sich weitet und öffnet. Wir müssen unsere Denkschablonen und unsere alten Gewohnheiten aufgeben. Wir dürfen nicht mehr reagieren wie bisher, nur weil wir schon immer so reagiert haben. Wir müssen unsere Vorlieben und Abneigungen loslassen, unsere Pläne und Erinnerungen, unsere Hoffnungen und Wünsche. Wir müssen auf alles verzichten, das immer nur von »mir« und »mein« ausgeht, sich stets nur auf »mich« bezieht. Das heißt, wir müssen alle Schranken öffnen, das Gefängnis aufschließen, das darin besteht, dass wir uns von den Grenzen unseres Körpers und unseres gewöhnlichen Kleingeistes völlig einschränken lassen.

Dies ist der erste Schritt, der dazu führt, alle Beschränkungen loszulassen, der erste Schritt auf dem Weg, der schließlich damit endet, dass das »Ich« nicht mehr den Nabel der Welt oder gar den Mittelpunkt des gesamten Universums markiert. Es ist schon witzig. Bedenkt nur einmal, wie viele Mittelpunkte das Universum haben soll! Aber so denken wir nun einmal.

Meditative Sammlung ist eine Methode, ein Hilfsmittel, nicht mehr. Mittel erfüllen einen Zweck, zumindest wenn man sie richtig einsetzt. Sie führen eine bestimmte Wirkung herbei. Wenn wir Monat um Monat, Woche für Woche jeden Tag morgens und abends meditieren, muss schließlich irgendetwas passieren. Wenn nicht, warum sitzen wir dann?

Die Hindernisse, das Habenwollen und Nicht-Habenwollen halten den Geist eisern im Griff. Solange wir dies nicht in uns und für uns selbst erkennen, wird keiner daran irgendetwas ändern wollen oder können. Es ist sinnlos, auf den Mann mit dem Schlüssel zu warten. Wir selbst tragen den Schlüssel in uns. Die Befreiung (*nibbāna*) und das Rad von Geburt und Tod (*saṃsara*) liegen beide an ein und derselben Stelle in unserem Herzen. In einem Augenblick des Loslassens, völligen Gelöstseins, wenn wir gerade einmal nicht ganz von uns selbst eingenommen und ausschließlich mit uns selbst beschäftigt sind, erhalten wir vielleicht sogar einen Vorgeschmack von *Nibbāna*, eine Ahnung davon, was Befreiung wirklich beinhaltet.

Vielleicht können wir solche Augenblicke für uns entdecken, Augenblicke, in denen das »Ich« nicht übermäßig wichtig ist, in denen der Geist nicht ganz und gar von bestimmten Denkschablonen besetzt ist – wenn stattdessen ein Gefühl allumfassender und alldurchdringender Bewusstheit existiert. Vielleicht kann sich uns ein Augenblick unmittelbaren Wissens offenbaren, in dem sich zeigt, dass das »Ich« nicht das ist, was es zu sein scheint. Vielleicht können wir einen Augenblick völligen Loslassens und Hingebens erfahren, weil das »Ich« dabei nicht in die Quere kommt.

Sich vollständig hinzugeben ist für die meisten Menschen die schwierigste Sache in der Welt, weil sie Angst haben, sie könnten dabei das Wichtigste verlieren: sich selbst. Das Gegenteil ist wahr: Sie werden alles gewinnen. Darin stimmen alle Religionen überein. Was wir auch immer glauben in Ordnung halten zu müssen, um uns halten zu müssen, zusammenhalten zu müssen, für uns behalten zu müssen, macht eigentlich erst unser Gefängnis aus, baut die Mauern, über die wir nicht hinwegkommen. Loslassen hingegen ist Freiheit.

Erfahren wir dann dieses Loslassen unmittelbar an uns selbst, verfallen wir zumeist der falschen Annahme, dass irgendeine bestimmte Situation oder Person uns dies ermöglicht hätte. Das ist ein Irrtum. Nur eines ermöglicht die Erfahrung der Freiheit: loszulassen, woran unser Geist festhält, und diesen Augenblick uneingeschränkter Bewusstheit und schrankenloser Hingabe voll zu erleben. Wir geben uns vollkommen in ihn hinein und in ihm alles auf. Dann erscheint das kleine Licht am Ende des Tunnels und sagt uns: »Es ist möglich. Es gibt die Freiheit tatsächlich.«

Die Meditation muss den Geist geschmeidig machen, sodass er etwas anderes erfahren kann als nur seine eigenen Denkprozesse. Und das alltägliche Leben muss uns zu dem Verstehen hinführen, indem wir allem begegnen, als sei es vollkommen frisch und neu. Sobald wir etwas als vollkommen neu erfahren, wird es niemals wieder auf die alte Weise gesehen werden.

Im Pāli sind Geist und Herz ein Wort: *Citta*. *Nibbāna* und *Saṃsara* sind eben dort: in Geist und Herz. Alles, was ein Ich-Bewusstsein besitzt, ist *Saṃsara*; alles, was kein Ich-Bewusstsein besitzt, ist *Nibbāna*. *Nibbāna* ist zugänglich, ist hier. Achtet darauf, ob ihr für seine Anwesenheit empfänglich werden könnt. Das ist wichtig, denn einzig und allein *Nibbāna* schenkt wahres Glück.

Ihr könnt alles besitzen, was die Welt zu bieten hat: Materielle Güter, Bestätigung und Aufmerksamkeit, Wertschätzung und Ruhm. Ihr könnt so viele Kenntnisse besitzen, wie es überhaupt gibt, und allen nur denkbaren Glanz. Nichts davon wird Euch vollkommenen Frieden schenken, nichts davon letztliche Freiheit. Alle diese Qualitäten sind ichgebunden, an den Körper und den gewöhnlichen Geist gefesselt.

Nibbāna hingegen kommt ohne das »Ich« und seine Begrenzungen aus. *Nibbāna* kann in reiner Bewusstheit oder in einem Augenblick völliger Hingabe erfahren werden, ohne deswegen etwas Ausgefallenes oder Besonderes zu sein. Es ist eine Erfahrung, die im alltäglichen Leben möglich ist. Achtet auf alles, was Augenblick für Augenblick im Geist und mit dem Geist geschieht. Seid nicht verliebt in die gewöhnlichen Irrungen und Wirrungen des Geistes. Seid nicht stolz oder erfreut, wenn sie sich zeigen. Versucht stattdessen, den Geist für das Unbekannte zu erwärmen. Versucht etwas Neues. *Nibbāna* ist vollkommen neu. Was so neu und so unbekannt ist, wird uns absolute Wirklichkeit offenbaren.

XI

Das Herz leer machen

Den Menschen fällt es ungeheuer schwer, sich selbst zu lieben, auch wenn dies eigentlich die leichteste Sache von der Welt zu sein scheint. Dass sie sich nicht lieben können, liegt wahrscheinlich daran, dass sie selbst am besten wissen, wie viele unliebsame Eigenschaften in ihnen stecken. Zweifellos schleppt jeder eine Menge davon mit sich herum. Wir sehen sie in uns selbst, und wir sehen sie in den anderen. Dies übrigens noch häufiger.

Sobald wir jedoch in den anderen Unliebsames entdecken, steigt etwas Ähnliches in uns auf: Widerwille, Abneigung, Urteile, Verdruss. Wir sind unzufrieden – mit unseren Mitmenschen, mit der Situation, mit dem Leben insgesamt. Wir können einfach nicht zufrieden sein, wenn wir zuerst in den anderen Unliebsames und gleich darauf unsere negativen Reaktionen gesehen haben. Wir sind nicht glücklich, nicht locker und gelöst, nicht freundlich gestimmt und ebenso wenig offen und entgegenkommend. Das ist ein Teufelskreis. Wir müssen ihn durchbrechen, einen Ausweg finden.

Ausweg heißt nicht, dass wir ignorieren, was vor sich geht, es einfach vergessen. Der Ausweg kann auch nicht darin bestehen, dass wir versuchen, neue Leute, neue Freunde kennenzulernen, oder die ganze Angelegenheit und unsere Gefühle darüber in der Versenkung verschwinden zu lassen. Ausweg heißt, anders zu denken. Der Ausweg besteht darin, dass wir uns nun ein ganz anderes Bild von dem machen, was die Menschen eigentlich sind.

Einer der vielen Beinamen Buddhas lautet »Lehrer der zähmbaren Menschen«. Das bedeutet: Die Menschen sind zähmbar. Allerdings nur jene, die sich damit einverstanden zeigen. Wir können den anderen mit der entsprechenden Einstellung begegnen, wenn sie ihre Bemühung zeigen, wenn sie zeigen, dass sie bereit sind, sich zähmen zu lassen. Dann können wir alles übersehen, was noch ungezähmt ist.

Aber was ist das? Was ist ungezähmt? Es ist das »Ich«. In manchen Menschen ist es dermaßen ungezähmt, dass sie nicht einmal zur Kenntnis nehmen, wie ungebärdig es eigentlich ist. Sie sehen nicht einmal, dass das »Ich« sich in ihnen aufbäumt, wächst, immer höher wuchert. Dies trifft auf all jene gewöhnlichen Menschen zu, die noch überhaupt nicht an sich gearbeitet haben. Sie merken nicht, dass sie nur ihre Bedürfnisse und Abneigungen ausleben, dass sie sich nur um sich selbst kümmern, ohne auf die Umwelt oder andere Wesen irgendwelche Rücksichten zu nehmen. Sie kennen sich nicht. Sie sind völlig unbewusst.

Dann gibt es eine weitere Kategorie Menschen. Sie wissen zwar um ihre ichbezogenen Bedürfnisse, denen nachzugeben auch ihre Hauptbeschäftigung ist, aber sie können daran nichts ändern, weil der Zähmungsprozess noch nicht eingesetzt hat. Sie sind sich der ungezähmten Wesenszüge, der impulsiven und instinktiven Reaktionen zwar bewusst, können sie jedoch nicht im Zaum halten.

Und schließlich gibt es eine Gruppe von Menschen, die sich tatsächlich ans Werk machen, indem sie beginnen, sich selbst zu zähmen.

Wir machen einen Fehler, wenn wir unsere Mitmenschen aus unserer subjektiven Warte betrachten, wenn wir jedem sein Kästchen zuweisen: »Dieser ist so; jene so. Dieser Mensch ist zu dem und dem fähig; jener nicht«. Das ist völlig belanglos, weil sie mit Ausnahme der *Arahats* allesamt ungezähmt sind. Wenn wir diesen oder jenen Menschen, diesen oder jenen seiner Wesenszüge ablehnen, häufen wir nichts als Unglück über den, der die Ablehnung, den Widerwillen zum Ausdruck bringt – und das sind wir selbst. Dies ist also eine sehr unbefriedigende Art des menschlichen Umgangs. Sie wird uns keinen Frieden schenken und mit Sicherheit nicht die Spur von meditativer Sammlung.

Diese Art Umgang trägt zu viele Erwartungen in sich, die ihrerseits die tiefer liegenden Ursachen für alle negativen Reaktionen sind. Allerdings beziehen sich solche Erwartungen nicht nur auf andere Menschen. Wir stellen sie auch an uns selbst. Dies bedeutet nicht unbedingt, dass wir sehr gut, sehr gescheit, sehr schön, sehr reich, sehr friedlich, sehr vergeistigt, ungeheuer »spirituell« sein wollen (Letzteres ist im Übrigen wirklich gefährlich!). Es heißt eher, dass wir ein solides, in sich geschlossenes und selbstsicheres »Ich« anstreben.

Weshalb wir auch so gern möglichst viele Dinge um uns anhäufen: Je mehr man *hat*, desto mehr *ist* man auch. Zumindest glauben wir dies. Was für eine gigantische Täuschung! Wir verwechseln Haben und Sein, glauben einfach, dass »mehr« Dinge auch »mehr« Persönlichkeit aus uns machen. Der Gedanke dabei ist, dass wir endlich die ersehnte tiefere Sicherheit erlangen werden, wenn wir nur genug haben. Da dies nicht funktioniert, handeln wir uns mit solchem Irrglauben nur einen Grund mehr ein, unzufrieden und unbefriedigt zu sein.

Der mitmenschliche Kontakt von unserer subjektiven Warte aus trägt darüber hinaus noch eine andere Erwartung in sich, nämlich den Glauben, dass unsere Ich-Identifizierungen uns letztlich befriedigen werden. – »Ich bin eine Frau. Ich bin ein Mann. Ich bin eine Mutter. Ich bin eine Tochter. Ich bin eine Geliebte. Ich bin ein Geliebter. Ich bin eine praktizierende Buddhistin. Ich bin gescheit. Ich habe eine Menge Kenntnisse. Ich bin ein wertvoller Mensch. Ich bin ein tadelnswerter Mensch. Ich sehe gut aus …« Ganz gleich, wie die Identität im Einzelnen aussieht, sie soll uns in jedem Fall Sicherheit geben.

Sie hat jedoch erhebliche Mängel. Einmal kann kein Mensch sie uns bestätigen, weil der andere ja nicht einmal weiß, womit wir uns identifizieren. Wie soll er auch? Woher soll ich zum Beispiel wissen, womit du dich identifizierst? Keiner weiß das vom anderen. Deswegen fehlt die Bestätigung. Die Erwartung bleibt unerfüllt, und daraus entsteht wiederum Unzufriedenheit. Bei so viel Unzufriedenheit muss es uns geradezu unmöglich werden, uns zu lieben.

Und es gibt noch eine Art von Erwartungen: die, »etwas zu werden«. »Ich werde eine große Meditationsmeisterin. Ich werde sehr viele Kenntnisse erlangen. Ich werde vollkommenen Frieden finden und ganz friedlich sein.« Was ich auch werden mag, es ist zunächst einmal eine unerfüllte Erwartung, denn bisher ist es ja noch nicht geschehen. Was da werden soll, liegt noch in der Zukunft. Auch dies ist ein Grund, unzufrieden zu sein.

Wir scheinen die Unzufriedenheiten zu sammeln, eine nach der anderen. Ein Ungenügen und dann noch eins, noch eins und so weiter. Vielleicht erwarten wir von uns, während der ganzen Meditationsperiode wach und bewusst zu bleiben, was natürlich nicht geschieht. Also: Ungenügen! Was wir auch unternehmen, um unser liebes Ich zu bestätigen, es wird sich nicht erfüllen. Für einen Augenblick passt alles zusammen, im nächsten ist alles wieder anders. Nichts ist mehr so, wie wir es haben wollen. Mit dieser Lebensstrategie gibt es kein Glück und keinen Frieden. Nur Verspannungen gibt es und Angst – die Angst, dass unsere Erwartungen sich nicht erfüllen werden, und Verspannungen, weil wir krampfhaft versuchen, Erfüllung zu erhaschen, sie uns irgendwie zu verschaffen, sie irgendwoher zu erhalten. Was für ein Leben! Vollkommen irrsinnig, … und doch so ungeheuer beliebt.

Wir können nur eins tun: all dies hinwerfen, alles Punkt für Punkt aufgeben. Wir ziehen nur *Dukkha* auf uns, wenn wir uns mit irgendetwas identifizieren. Wenn wir uns noch dazu mit etwas identifizieren, das von vorne bis hinten falsch und erlogen ist, sogar noch mehr *Dukkha*, noch mehr Leiden.

An unserer Identifizierung mit den Fünf *Khandhas* (Körperlichkeit, Empfindungen, Wahrnehmung, Geistesformationen und Bewusstsein) ist zumindest etwas Wahres. Wir bestehen tatsächlich aus diesen Gruppen des Anhaftens. Alle anderen Dinge jedoch, mit denen wir uns sonst noch identifizieren, die wir werden wollen oder die wir besitzen, sind entweder Fantasiegebilde oder haben so wenig Substanz, dass das ihnen inhärente Leiden das Leiden des Anhaftens und Identifizierens mit den Fünf *Khandhas* bei weitem übersteigt.

Es gibt ein grundsätzliches Leiden, das Basis-*Dukkha* sozusagen. Es entsteht, weil wir uns mit den Fünf Gruppen des Anhaftens identifizieren, und ist die Wurzel für alle übrigen Leiden. Je weniger wir uns dieses permanenten Identifizierungsprozesses bewusst sind, desto schlechter ist es um unsere Liebesfähigkeit bestellt. Es ist dann kaum noch möglich, dass wir ein liebendes Herz haben.

Je liebesunfähiger das Herz, desto unklarer ist auch der Geist. Ein klarer Geist entsteht nur aus einem liebenden Herzen. Diese beiden gehören untrennbar zusammen. Es gibt das eine ohne das andere nicht. Wir werden niemals Frieden finden, solange wir in uns selbst auf Ablehnung und Widerstand stoßen, besonders dann nicht, wenn diese gegen andere Menschen gerichtet sind.

Andere Menschen sind gewöhnlich unser schlimmstes Problem. Mit unbelebten Gegenständen haben wir viel weniger Schwierigkeiten. Das ist auch kein Wunder. Unbelebte Gegenstände können uns nicht antworten, uns nicht ihren eigenen Standpunkt entgegensetzen.

Mit all unseren zahlreichen Erwartungen, mit all den verschiedenen Identitäten, die wir uns überstülpen, können wir uns vielleicht nicht einmal mehr vorstellen, was es heißt, vollkommen in Frieden und Einklang zu leben. Es ist wirklich nicht leicht, sich einen Zustand vorzustellen, den man selbst noch nie erfahren hat. Deswegen können wir uns auch nicht vorstellen, was *Nibbāna* eigentlich ist.

Frieden ist nicht die Abwesenheit von Bewegung und Unruhe, wirkliche Gesundheit nicht die Abwesenheit von Krankheit. Vielmehr ist Frieden der Zustand der Ganzheit eines inneren Seins, das alles losgelassen hat: alle Ich-Identitäten, alle Erwartungen, alle Ängste und Verspannungen darüber, dass man nicht bekommen könnte, was man gerne haben möchte. Im Gegenteil: Das innere Sein verweilt stets in seiner eigenen Mitte. Wer es noch nicht erfahren hat, weiß auch nicht, was Frieden ist. Er mag sich diesen Frieden wünschen, ihn erhoffen. Wünschen und Hoffen sind jedoch ziemlich nutzlos. Sie bewirken nichts.

Wir müssen uns um Frieden bemühen, darauf hinarbeiten, denn wir sind nicht mit innerem Frieden auf die Welt gekommen, haben keinen inneren Frieden mitgebracht. Mitgebracht haben wir etwas ganz anderes, nämlich Gier und Hass. Natürlich, auch diese Aussage ist zu einseitig. Natürlich haben wir auch die Anlagen für Nicht-Gier (Großzügigkeit, Gebefreudigkeit) und Nicht-Hass (Liebe, Güte) mit auf die Welt gebracht. Aber eben nicht allein. Deswegen müssen wir lernen, Gier und Hass aufzugeben, und uns darum bemühen, Großzügigkeit und Liebe zu fördern und weiterzuentwickeln.

Das ist eine große Aufgabe. Wir dürfen sie niemals vernachlässigen, nicht für einen Augenblick. Beobachtet also, wie das »Ich« entsteht und seinen Kopf erhebt. Passt auf, wenn es sagt: »Oh, das kann ich wirklich gut«, oder: »Davon habe ich nicht die leiseste Ahnung«, oder: »Das will und kann ich nicht tun!« Jede dieser Aussagen ist eine Aussage eures »Ichs«, bestätigt euer »Ich«, verfestigt es. Alles »Ich-will-nicht« und »Ich-will« basiert auf solcher Ich-Täuschung.

Natürlich lassen sich derartige Situationen im Leben nicht vermeiden. Wir werden immer wieder damit konfrontiert und können uns nicht um eine Stellungnahme drücken. Aber wir sollten uns zumindest etwas genauer prüfen, bevor wir unseren Standpunkt impulsiv im Sinne der eben genannten schablonenhaften Antworten vertreten.

Stattdessen sollten wir uns fragen: »Muss das wirklich sein? Hängt mein Leben davon ab? Hängt mein Wohlbefinden davon ab? Hängt meine Gesundheit davon ab? Ist das, was ich haben oder nicht haben will, tatsächlich notwendig oder schädlich? Muss es um jeden Preis erfüllt oder vermieden werden?«

In der Lehre des Buddha geht es um Entsagung. Bitte, fangt unverzüglich damit an. Messt eure Bedürfnisse an euren Lebensnotwendigkeiten. Lebensnotwendig sind: 1. genug Kleidung, um den Körper zu bedecken, sodass er nicht nackt ist; 2. genug zu essen, sodass der Körper nicht Hunger leiden muss; 3. ein Dach über dem Kopf, damit der Körper nicht der Willkür der Elemente ausgesetzt ist; und 4. im Krankheitsfall die nötigen Medikamente. Das ist alles. Mehr ist nicht lebensnotwendig. Richtet euch bei euren Bedürfnissen nach diesen Grundsätzen.

Auf dem Pfad des Buddha üben heißt loslassen, sich frei machen. Ganz bestimmt heißt es nicht noch mehr haben, noch mehr besitzen, sich noch mehr identifizieren, noch mehr wollen. All dies ist mit Erwartungen gekoppelt, die letztlich nur Enttäuschung bringen – und Unzufriedenheit. Selbst wenn wir erhalten, was wir unbedingt haben wollen, hält die Freude darüber nur kurz an, denn dieses Glück ist niemals von Dauer. Etwas erhalten verfestigt und verhärtet das »Ich«. Mehr tut es nicht.

Für ein liebendes Herz sind die Anliegen anderer Menschen wichtiger als die eigenen. Ihr könnt also sehr leicht nachprüfen, ob ihr über ein solches Herz verfügt. Fragt euch ganz einfach: »Sind mir meine eigenen Interessen wichtiger als die Interessen anderer Menschen?« Sind wir vollkommen auf uns selbst und unsere eigenen Belange fixiert, wird es sehr wichtig, das Herz zu öffnen. Das ist dann unsere Hauptaufgabe. Warum?

Wenn das Herz ganz eng und verschlossen ist, kann unser Geist nicht klar sein. Er ist ganz im Gegenteil trübe, undurchsichtig und obendrein verwirrt. Da Herz und Geist untrennbar zusammengehören, das Herz Teil des Geistes ist und umgekehrt, lässt sich dies nicht vermeiden.

Der Geist besteht aus Empfindung (Gefühl), Wahrnehmung, Geistesformationen und Bewusstsein. Empfindung und Gefühl sind das Herz. Solange wir nicht begriffen haben, dass Herz und Verstand gleichermaßen entwicklungsbedürftig sind, gleichermaßen erfrischt und veredelt werden müssen, übersehen wir den wichtigsten Aspekt der Lehre.

Die Läuterung des Gefühlsaspektes führt zur Klärung des Geistes. Deswegen müssen wir unsere Gefühle läutern und veredeln. Aber welche? – Alle ichbezogenen Gefühle, die nicht geben, sondern bekommen wollen, die alles ablehnen, sich gegen alles sperren, was in uns und in den anderen noch ungezähmt ist. Sind wir in uns zur Zähmung bereit, werden sich automatisch auch unsere Gefühle läutern, wird ihre Veredelung schließlich zu einem reifen Abschluss kommen. Bereitschaft zur Zähmung heißt, dass wir bereit sind, unsere Fehler zur Kenntnis zu nehmen und zu durchschauen, was sie eigentlich sind: die Wildheit und unbändige Launenhaftigkeit unseres »Ichs«, das sich bestätigen und um jeden Preis durchsetzen will. Jeder verfolgt nur seine eigenen Ziele. Jeder will nur seine Interessen durchboxen.

Andere zu lieben fällt uns genauso schwer, wie uns selbst zu lieben. Es ist im Grunde ein und dieselbe Schwierigkeit. Jeder hat Fehler, jeder schleppt charakterliche Mängel mit sich herum. Wir selbst nicht weniger als jeder andere auch. Deswegen kann Selbstliebe nicht bedeuten, dass wir stolz auf uns sind und uns falsche Vorstellungen von unseren eigenen Fähigkeiten machen. Uns selbst lieben heißt, dass wir liebevoll, sorgsam und mütterlich mit uns umgehen. »Gleich einer Mutter, die das eigene Kind, ihr einziges Kind, beschützt mit ihrem Leben.«

In reiferem Alter ist es an der Zeit, dass wir unsere eigene Mutter werden. Diese Art von Liebe kann sehr wirksam sein. Wenn wir uns selbst damit beschenken, können wir sie auch auf andere ausdehnen. Dann fühlen wir uns innerlich ausgeglichen, unterliegen nicht mehr dem ewigen Auf und Ab, dem ewigen »Ich-will«, »Ich-will-nicht«, »Das-akzeptiere-ich-nicht«.

Werdet endlich wach, und beobachtet euch selbst. Beobachtet die zahllosen inneren Schwankungen, und zwar nicht allein aus einer gewissen kühlen intellektuellen Distanz. Es reicht nicht, dass ihr euch sagt: »Ach, diese Veränderungen kommen und gehen, entstehen und fallen wieder in sich zusammen.« Das stimmt zwar, aber ihr müsst auch mit dem Herzen an eurer Beobachtung beteiligt sein. Nur dann werdet ihr euch um Läuterung und Ausgleich bemühen.

Erkennt dieses dauernde Auf und Ab und Hin und Her als das, was es eigentlich ist: nichts als ein Hindernis auf dem Pfad. Seht und erkennt ihr die zahllosen inneren Schwankungen, werdet ihr sie auch loslassen, entweder indem ihr sie einfach aufgebt oder indem ihr positive Gewohnheiten an ihre Stelle setzt. Zumindest werdet ihr dies tun, wenn ihr Verstand habt. Wenn ihr nicht recht bei Sinnen seid, dann werdet ihr auch weiterhin daran haften.

Die Entsagung, das Sichlösen von allen Erwartungen und Bindungen, kann viele Formen annehmen. Die Hauptsache ist jedoch, dass wir allem Wünschen und Wollen entsagen. Unsere Entsagung ist echt, wenn wir nicht mehr wünschen. Wünschen verursacht *Dukkha.* Wollen wir *Dukkha* abbauen, müssen wir an diesem Punkt ansetzen. Wunschentsagung wird dann unsere Hauptarbeit sein. Sind wir dazu nicht in der Lage, befinden wir uns auch nicht wirklich auf einem Weg geistiger Schulung. Wenn wir es trotzdem glauben, machen wir uns etwas vor. Viele Menschen halten sich auf diese Weise selbst zum Narren.

Spirituelle Schulung ist ein Pfad innerer Bemühung. Sie ist keine Äußerlichkeit und besteht auch nicht ausschließlich darin, dass wir auf einem Meditationskissen sitzen. Das sind Hilfsmittel; ein, zwei Hilfsmittel von vielen. Der Pfad wird erst dann gelebt, wenn wir sehen, was in uns entsteht, und es loslassen. Sehen wir dies nicht, haben wir keine großen Chancen. Oder seid ihr da anderer Meinung? Wir müssen sehen, was vor sich geht.

Wir sehen schnell, was in den anderen vor sich geht, nicht so schnell, was in uns selbst vor sich geht. Beobachten wir an anderen Menschen etwas, können wir jedoch sicher sein, dass dies auch in uns steckt. In den anderen etwas zu erkennen, das sich nicht auch in uns abspielt, ist ein Ding der Unmöglichkeit. Wenn ihr also in euch selbst etwas nicht sehen könnt, das ihr an den anderen seht, dürft ihr davon ausgehen, dass es auch dort vorhanden ist. Ihr wisst infolgedessen, woran ihr arbeiten könnt.

Es besteht kein Grund, einen anderen Menschen zu verurteilen oder zu verabscheuen, wenn ihr an ihm etwas beobachtet, das euch nicht gefällt. Das wäre die falsche Reaktion. Seid lieber dankbar dafür, denn es zeigt euch, was euch zu tun bleibt. Wir können mit keiner Sache etwas anfangen, die wir nicht aus eigener Erfahrung kennen. Was sich auch in einem anderen Menschen abspielen mag, sobald wir damit etwas anfangen können, sobald wir es in irgendeiner Weise verstehen, heißt dies, dass wir es von uns bestens kennen. Und wir kennen es, weil wir es ebenfalls schon getan haben.

Glück und Frieden sind Synonyme. Glück und Sinnesfreude dagegen sind nicht gleichbedeutend. Sie sind sogar Gegensätze. Sinnesfreude ist ein Augenblicksvergnügen, ein kurzlebiger Sinneskontakt, Glück hingegen ein anhaltender Seinszustand. Ohne inneres Glück gibt es keinen inneren Frieden.

Deswegen müssen wir unbedingt die Ursachen verstehen. Warum sind wir nicht glücklich? Warum finden wir keinen inneren Frieden? Um diese Fragen zu beantworten, müssen wir uns immer wieder selbst prüfen: »Was ist das eigentlich, was ich da haben will und nicht bekomme? Welche Erwartung bleibt unerfüllt? An was hafte ich? Aus welchem Grund hänge ich an anderen Menschen? Welche Eigenschaften machen sie für mich anziehend, sodass ich an ihnen hafte? Wovor habe ich Angst? Vor welchem Verlust fürchte ich mich? Habe ich Angst, das Bild zu verlieren, das ich von mir selbst aufgebaut habe? Oder versuche ich es etwa fortwährend zu bestätigen, zu untermauern, und bin frustriert, weil keiner mich darin unterstützt?« – Es könnte sein, dass kein Mensch weiß, welches Bild ich mir von mir mache. Kein Wunder also, wenn die Unterstützung ausbleibt und ich traurig bin. Wenn wir in dieser Mühle gefangen sind, kann es tatsächlich keinen Frieden geben.

Wir können gegen solche inneren Schwierigkeiten nichts ausrichten, solange wir sie nicht einmal unmittelbar und ungefiltert erkennen. Wir brauchen also unmittelbares Wissen, und dies gewinnen wir nur durch Innenschau, durch *Achtsamkeit*. Es läuft alles auf dieses eine Wort hinaus, das im Pāli-Original sogar noch kürzer und prägnanter ist – *Sati,* vier Buchstaben. Dieses kleine Wort von vier Buchstaben enthält im Kern den gesamten Pfad – und seine Frucht.

Die Achtsamkeit gilt dem eigenen inneren Sein, aber nicht im Sinne jener beiläufigen »Aufmerksamkeit«, mit der wir die meisten Dinge eher achtlos überfliegen. Nein, Achtsamkeit besitzt die Präzision und Schärfe eines Mikroskops. Wir empfinden diese Schärfe gelegentlich als unangenehm, weil wir mit ihr Dinge in uns entdecken, die nicht so ganz astrein, eben keine wahre Freude sind. Das ist natürlich ein Urteil. Wir mögen nicht, was wir in uns sehen, was in uns entsteht. Eigentlich sollten wir es noch viel weniger mögen, nicht einmal zu wissen, was in uns entsteht.

Der Buddha hat gelehrt, dass alle Trübungen und Makel erstens universal und zweitens zähmbar sind. Zähmen heißt loslassen, entsagen, nicht mehr wünschen. Prüft euch: »Ist das, was ich jetzt möchte, wirklich notwendig? Ist es für mein Wohlbefinden unerlässlich? Oder verzettele ich mich aus alter Gewohnheit nur wieder einmal in der Mannigfaltigkeit der Erscheinungen? Handelt es sich um Ablenkungen und Zerstreuungen, die mich überfluten, weil ich von meinem *Dukkha* weg will, und sei es nur für eine flüchtige Sekunde?« – Kein Mensch kann unter solchen Voraussetzungen das Leiden dauerhaft abschütteln. Wir werden das Leiden nur los, wenn wir nicht mehr wünschen. So einfach ist das … und doch so schwer.

Überprüft eure Wünsche. Haltet sie schriftlich fest. Vertraut sie einem Blatt Papier an, damit sie endlich einmal klar formuliert vor euch stehen: »Was will ich eigentlich? Welches Bild habe ich von mir selbst? Muss ich das alles wirklich haben? Muss ich mir das alles wirklich wünschen?« Werdet euch der Tatsache bewusst, dass alles Wünschen die Erwartung mit sich bringt, etwas zu bekommen, die Angst, es nicht zu bekommen, und die Anspannung, die darin besteht, es zu erstreben. Und all dies ist *Dukkha*: Leiden. Kein Frieden.

Schreibt euch alles auf. Auf ein leeres Blatt mit einer dicken, fetten Überschrift: »Was will ich eigentlich?« Und dann schreibt es auch hin: »Ich will geliebt werden! Ich will bewundert werden! Ich will, dass man mich schätzt! Ich will gescheit und clever sein! Ich will etwas erreichen! Ich will Sinnesgenuss!«

Ja, bitte? Was habe ich geschrieben? Was möchte ich? Kann sein, dass sich dann eine andere Stimme in euch zu Wort meldet und sagt: »Nein, nein ich will das alles gar nicht. Was ich wirklich will ist Frieden, innerer Frieden.« Nun gut. Beginnt eine neue Seite, wieder mit einer dicken fetten Überschrift: »Wie gewinne ich inneren Frieden?« Und dann schreibt. Fragt euch selbst: »Gewinne ich inneren Frieden, indem ich tue, was ich schon immer getan habe? Oder muss ich das alles etwa aufgeben, einfach fallen lassen?«

Überprüft es selbst. Nehmt Bleistift und Papier, und geht der Sache auf den Grund. Dann wird eure Selbstbefragung wirklich lebendig. Sie bedeutet euch etwas, denn ihr habt ihre Ergebnisse nun schwarz auf weiß vor euch. Ihr habt alles offen ausgesprochen, nichts verschwommen, nichts im Dunkeln gelassen. Nun könnt ihr es für euch als Einsicht reklamieren. Es gehört euch.

Und so erkennt ihr klar und deutlich, dass innerer Frieden eine Frage des Loslassens ist. Es geht darum, alles aufzugeben, ganz gleich, woran ihr hängt. Mit dieser Einstellung manifestiert sich ganz von selbst das Rechte Bemühen.

Natürlich soll damit nicht gesagt sein, dass ihr alles auf einen Schlag aufgeben und hinter euch lassen könnt. Wohl aber heißt es, dass ihr den richtigen Anfang machen, dass ihr mit dem Edlen Achtfachen Pfad beginnen könnt. Vor euch tut sich der Weg der Entsagung auf, der Weg des Loslassens. Überlegt es euch. Überprüft alles reiflich, immer und immer wieder. Sobald ein Wunsch in euch auftaucht, schaut ihn euch an und lächelt: »Aha, da kommt schon wieder so ein Geselle. Ein Neuer. Den kenne ich noch gar nicht.« Schaut ihn euch an, lächelt ihn an, und ihr werdet sehen, er verschwindet, löst sich einfach auf.

Kann sein, dass nun an Stelle der Wünsche etwas anderes in eurem Herzen entsteht, nämlich ihr Gegenpol: Geben. Geben ist das Gegenteil von Wünschen. Wenn das Herz nicht mehr von Wünschen verstopft ist, entsteht ein Freiraum, der sich als Gebefreudigkeit entfaltet. Aber was geben wir mit dieser Gebefreudigkeit? – Liebe. Liebe ist Geben. Mit Liebe können wir nichts anderes anfangen, als sie zu geben, zu verschenken. Lassen die Wünsche nach, können Geben und Liebe sich ausbreiten. Das ist ein und derselbe Prozess.

Es tut gut, einen Anfang zu machen, vom Wünschen zu lassen und der Liebe eine Chance einzuräumen, indem wir durch den Rückgang unserer Wünsche automatisch mehr lieben können. Aber denkt bitte nicht, lieben würde bedeuten, dass da jemand ist, der uns liebenswert erscheint. Wenn wir so lieben, lieben wir nicht wirklich. Dann schätzen wir nur einen Menschen und nehmen mit ihm Verbindung auf, um an ihm teilzuhaben. Dies ist sehr eigensüchtig und hat deswegen mehr mit Nehmen als mit Geben zu tun. Liebe hingegen ist eine Qualität des Herzens, die einzig und allein auf Geben beruht. Liebe ist nicht von den Errungenschaften ihres Objektes abhängig.

Loslassen und Entsagen schenkt uns die Möglichkeit, uns und

andere mehr zu lieben. Sobald sich diese beiden Fähigkeiten zeigen, sind wir schon ein gutes Stück auf der Straße zu innerem Frieden vorangekommen. Wünschen hingegen verwandelt unser Leben in ein Schlachtfeld, weil es fortwährende Kämpfe nach sich zieht: »Werde ich auch erhalten, was ich mir wünsche? Werde ich es vielleicht nicht erhalten? Und wenn ich es bekomme, werde ich es dann behalten können? Wie muss ich es anstellen, damit ich es behalten kann? Was ist der beste Weg, damit ich Erfolg habe?« Auf einem Schlachtfeld wie diesem gibt es niemals Frieden. Kampf und Frieden schließen sich gegenseitig aus.

Allem Wünschen zu entsagen schenkt uns den Frieden, den wir suchen, weil Wunschlosigkeit von der Angst befreit, etwas nicht zu bekommen; und auch von der Angst zu verlieren, was man hat. Wunschlosigkeit ist frei von den Spannungen solcher Bewusstseinszustände. Entsagen macht den Weg frei zur Mitte: Wir können jetzt hier sein.

Wenn wir das Herz leer machen von allem Wünschen, von allen Selbst- und Wirklichkeitsvorstellungen, von allen Erwartungen, eine ganz bestimmte Persönlichkeit darzustellen, machen wir es gebefreudig. Dann wird liebevolle Zuwendung (*mettā*) eine originäre Eigenschaft unseres Herzens, anstatt nur ein Wort zu sein, das der Buddha irgendwann einmal gebraucht hat. Und nur dann werden wir wissen, was damit gemeint ist, wie es sich im eigenen Erleben anfühlt.

Bis es so weit ist, bleibt auch *Mettā* nur eine Hoffnung und damit eine Erwartung, die uns unzufrieden und unbefriedigt lässt, weil sie sich noch nicht erfüllt hat. Als solche hält sie nur den alten Teufelskreis in Gang.

Wir haben also im Grunde keine Wahl, und das macht die Sache viel einfacher. Ist innerer Frieden unser Ziel, muss Entsagung unser Weg sein. Der Geist liebt zwar Entscheidungen, sie entsprechen seinem Hang zur Mannigfaltigkeit (*papañca*) und sind wohl auch ein ganz natürlicher Instinkt. Aber diese Leidenschaft hilft uns nicht weiter.

Führt euch eure Situation klar vor Augen, wenn sich wieder einmal die altbekannte Stimme vordrängt und euch erzählt: »Ich könnte es so machen … oder vielleicht besser so. Wenn ich es so mache, könnte es klappen. Aber andererseits könnte es auch besser sein, wenn ich es anders mache.« Schreibt euch dies alles auf ein Blatt Papier, alle die Versuche und Überlebensstrategien, die ihr bereits durchprobiert habt, und stellt fest, ob sie tatsächlich funktioniert, euch wirklich eure Wünsche erfüllt haben.

Der Buddha hat es nie darauf angelegt, Menschen seine Ansichten aufzudrängen. Er hat gesagt: »Komm und sieh.« Hört also hin, was das wahre *Dhamma* euch zu sagen hat, und überprüft es anhand eurer eigenen Erfahrung. Sollte es andere Wege geben, so entdeckt sie für euch. Warum nicht? So hat der Buddha es gewollt. Das ist sein Weg: klar, freimütig und geradlinig. Schon viele sind diesen Weg gegangen. Ja, wir können das Ziel dieses Weges – auch jetzt schon in einer Ahnung – für einen kurzen Augenblick begreifen. Tief in uns wissen wir bereits um die Früchte des Pfades, ohne sie unmittelbar erlebt zu haben. Wir wissen, dass etwas Wahres daran ist. Wir können es zwar nicht beweisen, aber wir wissen es.

Der menschliche Geist ist kein Computer, der nur nach den Gesetzen kalter Logik funktioniert. Er steckt voller Gefühle, und diese Gefühle sprechen uns hauptsächlich an. Wir leben nicht, wie wir denken. Wir leben, wie wir fühlen. Wenn wir also hören, was der Buddha lehrt, fühlen wir, dass es wahr ist. Wir wissen es tief in uns. Dann brauchen wir nicht mehr zu tun, als dem Pfad zu folgen.

XII

Befreiung hier und jetzt

Wir haben zumeist den Eindruck, dass die Befreiung (*nibbāna*) etwas Unerreichbares, Unirdisches, Jenseitiges ist, wenn wir davon hören oder etwas darüber lesen. Wir verlegen das *Nibbāna* jenseits der Grenzen unserer Möglichkeiten, so als sei es nur etwas für spirituelle Giganten und hätte nur sehr wenig mit uns zu tun. Und doch brauchen wir es keineswegs so zu sehen.

Um uns mit *Nibbāna* ein wenig vertrauter zu machen, wollen wir einmal drei Aspekte der Befreiung betrachten: Befreiung durch Bedingungslosigkeit, Befreiung durch Wunschfreiheit und Befreiung durch Leerheit. Die Befreiung ist von allen Bedingungen frei, weil in ihr die Vergänglichkeit (*annica*) aller Bedingungen verstanden und vollkommen durchdrungen wurde. Von allen Wünschen ist sie frei, weil sie das Unbefriedigtsein (*dukkha*) restlos durchschaut. Und sie ist zudem leer, weil sie zur Nichtexistenz jeglichen Wesenskerns (*anattā*) vorstößt. Das klingt recht einfach, oder? Trotzdem verstehen wir dies noch nicht in ganzer Tiefe. Wir können die Unermesslichkeit dieses Verstehens noch nicht begreifen.

Aber wir müssen keineswegs an diesem Punkt stehen bleiben. Es gibt einen Weg, der uns die Befreiung zugänglicher macht, als sie uns jetzt im Augenblick erscheinen mag. Wir alle wissen, was Vergänglichkeit ist, weil wir sie aus eigener Erfahrung kennen. Aber was mag Befreiung durch Bedingungslosigkeit sein? Befreiung ist ein anderes Wort für *Nibbāna*, vollkommenes

Freisein. Und was heißt Bedingungslosigkeit? Nun, auch das können wir herausbekommen.

Versucht es mit jedem beliebigen Ding, jeder beliebigen Erscheinung, wie klein oder geringfügig sie auch sein mag. Es kann ein Besitzstück sein, ein Mensch oder eine Situation. Vergegenwärtigt euch die Tatsache, dass diese sehr flüchtig sind – vergänglich. Was sie auch sind, sie können es nicht bleiben. Sie sind vollkommen unbeständig (*anicca*). Bemüht euch, diese Wahrheit in jeder Erfahrung bewusst zu erleben, in jedem Ding, in jedem Lebewesen, in jedem Ereignis, und lasst dann alles Anhaften von euch abfallen, wenn ihr sie einmal unmittelbar gespürt habt. Auch wenn ihr es nur einen kurzen Moment könnt, habt ihr trotzdem einen Moment bedingungslose Befreiung erfahren. Ihr habt die Befreiung durch Bedingungslosigkeit verwirklicht.

Damit habt ihr erkannt, dass es nichts gibt, was für sich genommen bedeutsam wäre. Nichts hat irgendeinen inhärenten Wert. Alles ist wie ein magisches Spiel, das vorüberzieht. Diese Erfahrung ist ein Schlüsselerlebnis. Ihr könnt nun besser verstehen, was der Buddha mit Befreiung meint. Ein kurzer Moment reicht aus, um eine erste Ahnung davon zu bekommen.

Unter Freiheit verstehen wir häufig, dass wir tun und lassen können, was wir wollen. Ich glaube, die meisten von uns haben diese Art Freiheit ausprobiert und gesehen, dass sie uns nicht sehr weit bringt. Es gibt wohl kaum einen Menschen, der jederzeit machen kann, was er will. Und selbst wenn dies einmal möglich sein sollte, würde sich zwangsläufig irgendwann eine gewisse Übersättigung bemerkbar machen. Diese Art Freiheit lässt uns unerfüllt, weil sie *Dukkha* enthält. Sie ist innen hohl.

Freiheit hat herzlich wenig damit zu tun, dass wir stets nach eigenem Gutdünken entscheiden und handeln können, uns nehmen können, was wir wollen. Freiheit ist mehr. Sie ist vollkommen unabhängig, weil sie an kein Objekt, vor allem an kein Wunschobjekt gebunden ist, das wir uns nehmen wollen. Trotzdem macht uns Freiheit nicht innerlich unbeteiligt. Freiheit heißt, dass wir der Sache auf den Grund gegangen sind, ihre eigentliche Wahrheit durchdrungen haben.

Lasst zu diesem Zweck einmal für einen Augenblick etwas los, von dem ihr meint, dass es euch zusteht. Es sollte etwas sein, das ihr gern tut (etwas loszulassen, was ihr nicht mögt, wäre absurd, weil ihr dies ja ohnehin von euch stoßt), irgendetwas, das ihr mögt oder für wichtig haltet. Untersucht es immer und immer wieder, bis ihr klar erkennt, wie vergänglich es eigentlich ist. Dann werdet ihr euch irgendwann sagen: »Ich brauche es gar nicht. Ich kann ohne es auskommen.« Das ist der Augenblick der Wahrheit.

Wir haben viele Zugangsmöglichkeiten zu solchen Augenblicken der Wahrheit, aber sie stellen sich nicht von allein ein. Wir müssen etwas dafür tun. Wir müssen gründlich nachfragen, gründlich in Frage stellen. Das ist unsere Arbeit. Loslassen klingt ein bisschen nach Sorglosigkeit und Unbekümmertheit. Nun, in gewissem Sinn ist es das auch, aber erst, nachdem es tatsächlich geschehen ist. Vorher ist es harte Arbeit.

Sobald wir eingesehen haben, wie sehr wir anhaften, wie sehr wir unser Herz an alles Mögliche hängen, sehen wir auch, dass uns das Loslassen uns eine Menge Arbeit abverlangen wird. Sind wir aber noch nicht einmal zu dieser Einsicht erwacht, haben wir die Wurzeln unseres Anhaftens noch nicht begriffen, dann werden wir auch weiterhin vollständig im Dunkeln tappen.

Es gibt noch einen weiteren Zugang zu bedingungsloser Befreiung. Nehmen wir an, ihr fühlt ein körperliches Unwohlsein. Wer kennt das nicht aus eigener Erfahrung? Wer hat sich physisch noch niemals unbehaglich gefühlt, zumindest gelegentlich? Jeder ist damit vertraut. Körperliches Unwohlsein ist unumgänglich. Es gehört zur Natur des Körpers.

Dieses Unwohlsein erzeugt gewöhnlich eine Reaktion in euch: »Ich mag das nicht. Es soll so schnell wie möglich aufhören.« So weit, so gut. Was hat das mit Befreiung durch Bedingungslosigkeit zu tun? Wollt ihr dies verstehen, müsst ihr euch etwas eingehender mit dem Unbehagen beschäftigen. Seht es. Nehmt es wirklich wahr ... und dringt dann in seine Vergänglichkeit ein, erlebt, wie unbeständig es eigentlich ist. Seht, dass es weder eine fundamentale Wirklichkeit noch irgendeine dauerhafte Bedeutung besitzt. Es ist nur ein Gefühl und damit flüchtig. Lasst dann für einen Augenblick euer »Ich-mag-das-nicht« los. Schaut euch das Unwohlsein an, und sagt euch: »Einverstanden, so ist es. Aber es wird wieder vergehen.« Das ist ein Vorgeschmack von bedingungsloser Befreiung.

Wenn wir unmittelbar erleben, dass nichts dauerhaft, sondern im Gegenteil alles flüchtig ist, alles fließt, alles sich bewegt, niemals gleich bleibt, niemals im nächsten Augenblick sein wird, was es im letzten Augenblick war, haben wir einen Moment der Freiheit erfahren. Wir können dieses Vorgehen auf unsere Gedanken, Gefühle und körperlichen Empfindungen anwenden. Und dies ist auch unsere Hauptaufgabe. Daran müssen wir arbeiten.

Werdet euch als Erstes bewusst, wie sehr ihr an eurem Körper hängt, wie häufig ihr euch fragt: »Sieht er passabel aus? Passt die Kleidung zu seinem Typ? Stimmt die Ernährung? Tragen meine Lebensumstände auch wirklich seinen Bedürfnissen Rechnung? Ist er gut in Form?« Anstatt euch mit solchen und ähnlichen Fragen aufzuhalten, schaut besser auf seine vergängliche Natur. Dann werdet ihr vielleicht für einen Augenblick die Erfahrung völligen Gleichmuts machen. Der Geist ist im Gleichgewicht, ganz unabhängig davon, ob der Körper existiert. Dieser Augenblick ist ein Moment echten Friedens.

Aber er erscheint natürlich nicht von selbst. Um ihn zu fördern, müssen wir immer und immer wieder bedenken, dass auf unser Leben keinerlei Garantie besteht. Unser Leben wird einzig und allein von *Karma*-Wirkung (*Kamma-Vipāka*) getragen, von den Ergebnissen unserer Tatabsichten. Es kann in jedem Augenblick zu Ende sein, weil unsere *Karma*-Wirkung sich jeden Augenblick erschöpft haben kann.

Deswegen hat der Buddha uns empfohlen, dass wir uns täglich fünf Tatsachen ins Gedächtnis rufen. Eine dieser Tatsachen lautet: »Ich bin dem Tode unterworfen, ich kann dem Tod nicht entgehen.« Das heißt nicht, dass ich erst in zwanzig Jahren sterben werde, oder dann, wenn ich den richtigen Zeitpunkt für gekommen halte. Wenn ich dem Tod nicht entgehen kann, kann ich logischerweise jederzeit sterben. Spüren wir diese Realität wie ein kurzes Aufflackern tief in unserem Bauch, anstatt sie nur gelegentlich in Gedanken oberflächlich zu streifen, werden wir das Leben plötzlich anders sehen. Wir bekommen eine andere innere Einstellung.

Jeder weiß, dass er sterben wird. Was ist neu daran? Nichts ist neu daran. Der Buddha hat nur Dinge gelehrt, die uns zugänglich sind. Aber es geht eben nicht um oberflächliche Kenntnisnahme. Es geht darum, dass wir tief in uns fühlen und begreifen: »Es steht einwandfrei fest, dass mein Körper nicht überleben wird. Warum versuche ich also angestrengt, etwas aus ihm zu machen? Warum versuche ich, ihn zu behalten? Was soll diese ständige Mühsal und Beschäftigung mit ihm denn überhaupt bewirken?« Dass der Kampf aussichtslos ist, steht von vornherein fest.

Diese Erkenntnis will uns aber nicht dazu verleiten, dass wir für unseren Körper nicht mehr Sorge tragen. Wir müssen ihn selbstverständlich waschen, füttern und in Stand halten. Aber das genügt. Mehr ist nicht nötig. Wenn er nicht länger in Gang gehalten werden kann, ist das auch weiter keine große Tragödie.

Jeder Augenblick echten und ungetrübten inneren Sehens ist ein befreiender Augenblick. Ist uns ein solcher Augenblick geschenkt, werden wir auch getreu und aufrichtig üben. Wir werden bis zum erfolgreichen Abschluss bei unserer Übung bleiben, weil wir einen Augenblick der Befreiung und Erleichterung erfahren durften – Befreiung und Erleichterung von allem, was uns bedrückt.

Dann ist es uns gleich, was die Leute sagen oder meinen. Es ist uns egal, ob die Situation angenehm ist oder nicht; ob es heiß ist oder kalt, früh oder spät. Dies zählt alles nicht mehr. Nur eines zählt: Es gibt tatsächlich eine Befreiung, und sie ist sogar noch in umfassenderem Sinne möglich, als wir sie bisher erleben durften.

Befreiung durch Bedingungslosigkeit ist nicht so schwierig oder tiefgründig, dass ein gewöhnlicher Mensch sie nicht erfahren könnte. Der Buddha hätte vergeblich gelehrt, wenn gewöhnliche Menschen nicht befreit werden könnten. Warum sollten wir überhaupt noch meditieren, wenn gewöhnliche Menschen wie wir nicht in der Lage wären, Befreiung zu erlangen? Nur, um uns irgendwie die Zeit zu vertreiben? Das wäre sicherlich kein ausreichender Grund. Nein, gewöhnliche Menschen können tatsächlich befreit werden. Sie müssen sich nur darum bemühen und daran arbeiten.

Nun zur Befreiung durch Wunschlosigkeit. Wie kommt sie zustande? – Wenn ihr euch das nächste Mal etwas wünscht, achtet auf das Unbefriedigtsein (*dukkha*), das den Wunsch begleitet, und … lasst den Wunsch einfach fallen! Spürt die Befreiung. Das ist das Einfachste von der Welt, nicht wahr?

Dukkha ist nicht zwangsläufig eine Folge der Nichterfüllung eures Wunsches. Wahrscheinlich bekommt ihr ja sogar, was ihr haben wollt, denn in der Regel, bekommt man, was man sich nur stark genug wünscht. Schlimm ist allerdings, dass die meisten Menschen nicht wissen, was sie sich eigentlich wünschen sollten, dass sie die sinnvollen nicht von den unsinnigen Wünschen unterscheiden können. Sie wünschen sich die falschen Dinge und bekommen sie auch.

Dukkha ist also nicht in der Tatsache begründet, dass wir nicht bekommen, was wir gern hätten. Das ist zwar auch eine Art *Dukkha*, aber eben nur eine Art von vielen. Die wirkliche Ursache für *Dukkha* ist vielmehr das Wünschen, die Gier an sich. Alles Wünschen, ganz gleich welcher Art, erzeugt erstens eine gewisse Anspannung, zweitens ein nach außen Greifen und drittens eine Erwartung, zu der sich die Angst einstellt, dass die Erwartung möglicherweise nicht befriedigt werden kann. Darüber hinaus setzt es im Geist einen Gedankenprozess in Gang, der sich nicht länger für das interessiert, was hier und jetzt tatsächlich geschieht.

Jeder Wunsch nach etwas, das noch nicht vorhanden ist, ist notwendigerweise auf die Zukunft gerichtet und setzt auf die Hoffnung, es später einmal zu erlangen. Da der Geist von solchen Wünschen überquillt, kann er nicht mehr darauf achten, was gerade vor sich geht. Er lebt in der Scheinwelt dessen, was sein könnte, wenn nur endlich der Wunsch in Erfüllung ginge. Was sein könnte, verwirklicht sich jedoch nur selten so, wie wir es jetzt erhoffen. Das ist jedoch nicht das fundamentale Leiden. Das fundamentale Leiden ist in unserem Wünschen begründet. Deshalb bezeichnen wir die Befreiung als wunschfrei. Sie tritt ein, wenn wir wunschlos sind – wunschlos glücklich, wie wir auf Deutsch gelegentlich sagen.

Wir können diese Befreiung durch Wunschlosigkeit konkret erfahren. Wenn ihr euch das nächste Mal etwas wünscht, zum Beispiel etwas zu essen, beobachtet einfach, wie der Wunsch in euch Gestalt annimmt und sich in den Vordergrund drängt. Habt ihr gesehen, wie er aufstrebt, lasst ihr ihn fallen. Weg damit! Fühlt die Erleichterung und Befreiung, die mit dem Loslassen einhergehen.

Erleichterung und Befreiung sind jedoch nicht die einzige Konsequenz. Ihr werdet darüber hinaus fühlen, dass euer Geist erfrischt ist, Kraft gewonnen hat, denn er hat zur Abwechslung einmal gehorcht. Er hat nicht seine eigenen trickreichen Spielchen durchgesetzt, sondern ausschließlich euren Anordnungen Folge geleistet.

Das schenkt Selbstvertrauen. Wir können uns nur selbst vertrauen, wenn der Geist auf uns zu hören beginnt. Bis wir dies geschafft haben, versichern wir uns zwar ständig im Geist: »Schau, ich bin ganz okay so, wie ich bin.« Aber darauf folgt ebenso schnell wie unfehlbar ein Gefühl der eigenen Minderwertigkeit, das uns sagt: »Bitte, schau mich doch nicht so an. Ich weiß ja, so wie ich bin, kann ich unmöglich in Ordnung sein.« Immer die eine oder die andere Stimme. Das hält den Geist auf Trab und gibt ihm stets etwas zu tun.

Aber diese Stimmen verstummen, wenn der Geist endlich auf uns hört. Ob »ich« nun okay bin oder nicht, ist überhaupt kein Thema mehr. Stattdessen treten neue Eigenschaften in den Vordergrund: Vertrauen, Kraft, Macht.

»Macht« hat einen schlechten Ruf. Wohl hauptsächlich deswegen, weil wir dabei unterschwellig immer an Macht über andere Menschen oder die Umwelt denken. Macht hat den

Beigeschmack der Willkür. Natürlich, wenn wir Macht über uns selbst haben, haben wir zumeist auch über andere Menschen Macht. Doch darum geht es nicht. Macht haben heißt, dass wir über die innere Stärke verfügen, die solche Macht hervorbringt. Man braucht kein Wort darüber zu verlieren. Sie ist einfach da. Sie ähnelt in dieser Hinsicht der Ausstrahlung Buddhas, die die Menschen zu ihm hinzog, sie bewog, sich um ihn zu scharen. Sie ist fühlbar – ein Energiespeicher, den man ohne weiteres anzapfen kann.

Versucht es selbst. Versucht, ob ihr nicht für einen Moment wunschlose Befreiung erreichen und euch wunschlos glücklich fühlen könnt. Kann sein, dass ihr dafür den Wunsch, etwas zu essen, loslassen müsst, oder den Wunsch nach Zerstreuung, den Wunsch, irgendwohin zu gehen, etwas zu erhalten, etwas zu erfahren, etwas zu bereden. Es kann eine Lappalie sein. Was es ist, ist nicht so wichtig. Wichtig hingegen ist, dass ihr es ganz bewusst, mit voller Absicht aufgebt. Sagt euch einfach: »Ich brauche es nicht. Es ist nicht nötig.«

Also lasst ihr es fallen. Das ist harte Arbeit, es sei denn, euer Wunsch war so unwesentlich, dass er euch von Anfang an mehr oder weniger gleichgültig war. Ein solcher Wunsch ist für die Übung des Loslassens ungeeignet. Wir müssen uns für diesen Zweck schon eine Sache aussuchen, die uns ein wenig fasziniert, die uns in Bann hält. Nachdem wir sie fallen gelassen haben, werden wir uns erleichtert fühlen, entspannt und wohlig.

Schließlich zur Befreiung durch erleben der Leerheit, der Befreiung durch Selbst- bzw. Ichlosigkeit (*anattā*). Sie besteht darin, den Geist von allen Inhalten zu entleeren. Wir werfen sie von uns, indem wir erkennen, dass sie absolut bedeutungslos sind. Wenn sie euch wirklich wichtig erscheinen, dann schreibt sie euch auf. Ihr müsst sie nicht dauernd im Geist mit euch herumschleppen. Je weniger ihr im Geist mit euch herumschleppt, desto geringer ist auch die Gefahr, dass er ermüdet und erschöpft wird.

Würdet ihr den ganzen Tag lang mit einem Eimer Wasser in jeder Hand herumlaufen, ihr würdet euch körperlich schon nach kurzer Zeit vollkommen zerschlagen fühlen. Aber in unserem Geist schleppen wir noch sehr viel mehr mit uns herum als nur zwei Eimer Wasser. Unser Geist ist voll bis zum Überlaufen – und zwar mit völlig nutzlosen Dingen.

Ihr könnt euch alle wichtigen Dinge, die ihr auf keinen Fall vergessen dürft, in einem kleinen Heft notieren. Sie müssen euren Geist nicht belasten, denn Befreiung durch Leerheit heißt: Wir leben von nun an in der Einsicht, dass alle Geistesformationen *(saṅkhāra)* leer sind. Diese Geistesformationen sind psychische und geistige Vorstellungskräfte. Versucht einmal, sie für einen Augenblick allesamt abzulegen, und stellt fest, wie ihr euch dabei fühlt.

Wenn ihr sie dann wieder in euch hineinlasst, achtet auf den Unterschied. Sobald sie wieder auftauchen, ist der Geist für einige Augenblicke irritiert, er fühlt sich etwas gereizt. Diese Irritation bemerkt ihr gewöhnlich nicht einmal, weil ihr gewohnt seid, den Geist nur voller Vorstellungen und Gedanken zu erfahren. Wir wissen im Allgemeinen gar nicht, wie irritierend diese geistigen Vorstellungen sind, wie sehr sie uns entkräften, auf uns lasten, wie viel Leid sie uns bringen – und natürlich auch nicht, wie unbeständig sie eigentlich sind.

Werft sie also fort, und sei es nur für den Bruchteil einer Sekunde. Lasst den Geist von allen Vorstellungen frei sein, vollkommen leer. Nichts ist mehr in ihm enthalten. Dann lasst die Geistesformationen neu entstehen. Auf diese Weise erkennt ihr den Unterschied und wisst, wie der Geist sich ohne Vorstellungen anfühlt und wie er sich anfühlt, wenn diese Vorstellungen noch da sind. Damit bekommt ihr einen Vorgeschmack von der Befreiung durch Leerheit, die sich dadurch auszeichnet, dass es in ihr keine Gedanken und Vorstellungen gibt.

Empfindungen und Gefühle werden nicht mehr als solche erkannt. Es gibt keine Wahrnehmung der Gefühle. Ihr nehmt keinerlei Sinneskontakt mehr wahr. Die Wahrnehmung wird nicht als solche anerkannt. Es gibt keine Gedankenprozesse, nur Leerheit – die Leerheit all dessen, was normalerweise auf uns einstürzt, uns bombardiert wie Geschoss-Salven.

Vielleicht bemerkt ihr bei dieser Gelegenheit zum ersten Mal, wie sehr wir gewöhnlich von allen möglichen Reizen beschossen werden. Wir müssen permanent den Angriff der Sinnesreize über uns ergehen lassen. Der Buddha hat diese Situation einmal mit dem Schicksal einer lebendig gehäuteten Kuh verglichen: Ihr Fleisch liegt offen da, und überall sitzen die Fliegen darauf. Permanente Reizung! Und genauso stehen auch wir permanent unter dem Beschuss all jener Dinge und Erscheinungen, die wir sehen, hören, schmecken, berühren, riechen und denken.

Das Denken ist am schlimmsten. Es zeigt sich in der ununterbrochenen Gedankenmühle, mit deren Produkten wir uns identifizieren und auf deren Grundlage wir handeln. Wir können allein auf der Grundlage einer sichtbaren Erscheinung nicht unbedingt etwas unternehmen. Mit einem wunderbaren Sonnenuntergang zum Beispiel können wir nicht sehr viel mehr tun, als uns darüber zu freuen. Desgleichen wenn wir Musik hören. Entweder wir mögen sie oder wir mögen sie nicht. Viel mehr können wir damit nicht anstellen.

Ganz anders die Gedanken. Mit ihnen können wir sehr viel

mehr anfangen. Wir können auf ihrer Grundlage handeln – und uns damit in Schwierigkeiten bringen. Was brockt uns doch diese Angewohnheit immer wieder für Probleme ein! Immer und immer wieder. Wir kommen selbst in den scheinbar unverfänglichsten Situationen, in denen nicht viel los ist, noch in große Schwierigkeiten, weil wir uns mit unseren Denkprozessen identifizieren. Dann rollen die Tränen. Dann fliegen die Fetzen von Wort und Widerwort. Und all dies nur, weil der Geist mit Vorstellungen, Ansichten und Meinungen vollgepackt ist.

Wer meditiert, weiß aus Erfahrung, dass alle im Geist auftauchenden Gedanken keine Bedeutung haben und eigentlich völlig wertlos sind. Sie sind nur eine lästige Plage, stören die Meditation. Aber sie sind auch jetzt eine Plage, auch wenn wir gerade nicht meditieren. Zwischen Meditation und Nicht-Meditation gibt es keinen Unterschied. Geist ist Geist.

Noch ein weiterer Zugang führt zur Erfahrung von Leerheit. Wir werden Leerheit erfahren, sobald wir die wechselseitige Verbundenheit von *Dukkha*, *Anicca* und *Anattā*, sobald wir den unaufhörlichen Fluss, die unaufhörliche Bewegung aller Phänomene sehen. Wir können diesen Strom permanenter Veränderung im Himmel beobachten: an den ziehenden Wolken, am Wind. Wir können ihn in uns selbst beobachten: Das Blut, der Atem, alles ist ständig im Fluss. Der Kosmos ist ein einziges Fließen. Er kontrahiert sich und expandiert fortwährend. Gibt es in dieser Bewegung etwas Festes, an das wir uns klammern könnten? An welchen Stern würdet ihr euch gerne hängen? Welchen Stern möchtet ihr festhalten? Welcher sieht schöner aus als der neben ihm? Sie alle sind in Bewegung. Es gibt nichts Festes, keinen einzigen Fixpunkt.

Dies für einen Augenblick zu sehen ist Befreiung. Aber: Wovon werden wir befreit? – Von Begehren und Anhaften. Begehren und Anhaften halten uns im Kreislauf der Existenzen (*saṃsara*), bringen alle unsere Leiden, all unser *Dukkha* hervor. Haften ist stets von Verlustangst begleitet, Begehren von der Befürchtung, etwas nicht zu haben oder zu sein. Der Zustand überweltlicher Freiheit kommt ohne solche Ängste aus, weil es in ihm weder etwas zu verlieren noch etwas zu gewinnen gibt. Wir begehren oder haften an Dingen, die wir für wichtig halten.

Das heißt jedoch nicht, dass wir plötzlich allem und allen gleichgültig gegenüberstehen, nur weil wir Begehren und Anhaften für einen Augenblick fallen lassen. Das große Mitgefühl des Buddha entstand aus dem Ereignis seiner Erleuchtung. Er konnte in jedem Moment klar und deutlich erkennen, dass alle Wesen leiden, weil sie begehren und anhaften. Da er selbst von diesen Plagen frei geworden war, war sein großes Mitgefühl nicht von eigensüchtigen Motiven entstellt. Er war deswegen fähig, sich anderen Wesen vorbehaltlos und uneingeschränkt zu widmen. Wir sind noch nicht so weit gekommen. Aber ich möchte darauf hinweisen, dass wir durchaus in der Lage sind, in diese Richtung zu gehen. Auch wir können dieses Ziel verwirklichen.

Die Befreiung (*nibbāna*) geschieht nicht durch einen Gnadenakt »von oben«. Sie fällt nicht wie eine goldene Hülle der Glückseligkeit auf uns herab. Das wird nicht geschehen. *Nibbāna* ist harte Arbeit. Wir müssen uns ihr ununterbrochen widmen, ihr jeden Augenblick unseres Lebens schenken, bis das letzte Fleckchen Unreinheit beseitigt wurde.

Begehren und Anhaften sind unrein. Wir können sehr gut ohne sie auskommen, wenn auch vielleicht zuerst nur augenblicksweise. Solche Augenblicke müssen wir sorgfältig beachten, um uns näher mit ihnen und dem Lebensgefühl vertraut zu machen, das sie vermitteln. Wir müssen einfach wissen, wie wir es geschafft haben, unser Begehren und Anhaften loszulassen, damit wir dies immer und immer wieder tun können.

Solange wir selbst nicht ganz klar wissen, was wir mit unserem Geist und in unserem Geist tun, werden wir hauptsächlich unglückliche Geist-Momente erfahren; die negativen Geistestätigkeiten werden in der Überzahl sein. Aus diesem Grund trifft man auch nur so wenige Menschen, die wirklich glücklich sind. Wir betrachten Glück als Zufallsprodukt, als eine Fügung glücklicher Umstände. Damit irren wir uns. Glück ist harte Arbeit. Ramana Maharshi, der berühmte indische Heilige, hat einmal gesagt: »Glück und Frieden sind nicht unser Geburtsrecht. Wenn wir sie erleben dürfen, dann nur, weil wir uns fortwährend darum bemüht haben.«

Glück ist also kein Zufall. Ebenso wenig ist es von äußeren Bedingungen abhängig. Und Frieden ist kein Blatt Papier, kein Vertragswerk, dass die Vereinten Nationen unterschreiben könnten. Die haben schon viele Verträge verfasst und unterschrieben. Mit welchem Ergebnis? Frieden ist ein innerer Seinszustand, eine innere Lebenshaltung, die auf Loslassen, auf Entsagung beruht. Es führt kein anderer Weg zu Frieden als Loslassen und Entsagung. Wir müssen uns deswegen selbst prüfen: »Was könnte ich loslassen?« Was es auch ist, das zu tun ist unsere Aufgabe.

Gewöhnlich ist dies der Körper. Wir wollen ihn nicht loslassen. Nun, eines Tages werden wir ihn aufgeben müssen. Es wäre bestimmt eine gute Idee, darauf vorbereitet zu sein und uns an der Beseligung zu freuen, die das Loslassen uns jetzt schon geben kann. Das ist wesentlich sinnvoller, als bis zum letzten Augenblick mit dem Loslassen zu warten, wenn wir ohnehin keine andere Wahl haben. Dann haben wir nämlich auch nicht mehr die Zeit, uns an seiner Beseligung zu erfreuen.

Öffnet euch, damit ihr wenigstens für einen Augenblick

»Unbeständigkeit« erfahren, »Vergänglichkeit« wirklich schmecken und aus diesem Schmecken heraus verstehen könnt. Geht der Sache auf den Grund. Lauft nicht weg, indem ihr euch einredet: »Ich will davon nichts wissen.« Oder: »Es stimmt schon. Alles ist unbeständig. Aber damit werde ich mich später auseinandersetzen.«

Vergesst niemals, dass jeder Wunsch Unzufriedenheit und Irritation hervorruft. Lasst deswegen eure Wünsche los, auch wenn es zuerst nur einer ist. Wenn ihr ein Jahr lang jeden Tag einen Wunsch loslasst, werdet ihr womöglich sogar erleuchtet. Ich will mich nicht auf falsche Versprechen einlassen, aber: Der Versuch lohnt sich. Probiert es mit einem Wunsch pro Tag.

Wir haben eigentlich gar nicht so viele verschiedene Wünsche. Vielmehr wiederholen sich dieselben Wünsche immer und immer wieder. Wenn wir uns an einem dieser Wünsche im Loslassen üben, werden wir dieselbe Übung auch auf die restlichen Wünsche ausweiten können. Übung macht den Meister. Lernen wir, einen Wunsch loszulassen, wird es uns nicht mehr schwer fallen, auch die übrigen Wünsche aufzugeben.

Es sollte doch möglich sein, dass wir für einen Augenblick das Interesse an den Sprüngen und Eskapaden des Geistes verlieren und stattdessen sehen, was diese eigentlich sind: Eine permanente Beschießung durch elektrische Impulse. So fühlt es sich doch an – ein unaufhörliches Bombardement von Reizen! Einige dieser Reize verketten sich miteinander, und wir glauben an das, was daraus entsteht, obwohl es keinerlei Sinn ergibt. Ja wir geben diesen Wirrwarr an Impulsen sogar an andere Menschen weiter, was sehr häufig zum schönsten Streit führt. Wir spucken diese Impulse aus und bekommen darauf als Aufschrei des Protests zu hören: »Ja, wie kann man denn bloß so etwas denken?!« Am besten, ihr lasst die ganze

Geschichte für einen Augenblick auf sich beruhen. Seid einfach da, körperlich präsent, ohne irgendwelche Gefühle, Empfindungen und Sinneskontakte wahrzunehmen. Seid bewusst da, ohne euch in eure Wahrnehmungen zu verstricken.

Wenn wir die Vergänglichkeit und das Unbefriedigtsein aller Erscheinungen unmittelbar sehen, führt uns diese Einsicht zur Leerheit. Was soll überhaupt letztlich noch existieren, wenn nichts so bleibt, wie es ist, und nichts endgültige Befriedigung schenken kann? Da es Begehren gibt, gibt es auch Geistesformationen, Körper und Geist. Mehr aber gibt es nicht. Alles ist aus Begehren entstanden, auch das Gebäude, in dem wir sitzen.

Irgendjemand wollte eine Meditationshalle haben. Also wurde sie gebaut. Hätte keiner den Wunsch gehabt, gäbe es sie auch nicht. Unser Körper ist entstanden, weil irgendjemand ein Kind haben wollte. Das *Karma* für diese Geburt ist entstanden, weil der Wunsch nach Leben da war. Was auch existiert, entstanden ist es aus Begehren. Und Begehren ist *Dukkha*.

Wenn wir uns zum ersten Mal anschicken, *Dukkha* zu durchdringen, wehrt sich wahrscheinlich in uns etwas dagegen. Wir denken: »Was soll das überhaupt? Warum lebe ich denn dann? Warum bin ich überhaupt hier?« Nun, ich bin aus eben diesem Grund hier: Um die Wahrheit von *Anicca*, *Dukkha* und *Anattā* zu durchdringen und infolgedessen nicht noch einmal dieselbe Misere über mich ergehen lassen zu müssen.

Das ist im Übrigen eine nützliche Frage, der wir zu unserem eigenen Nutzen auf den Grund gehen sollten: »Will ich wirklich noch einmal all das über mich ergehen lassen, das ich in diesem Leben erlebt habe (von den vergangenen Leben ganz zu schweigen)?« Wenn ja: Bilde ich mir vielleicht ein, dass ich mich das nächste Mal klüger anstellen werde? Vielleicht werde ich ja mit einem kleinen Spickzettel in der Hand wiedergeboren, auf dem aufgelistet steht, was ich dieses Mal alles falsch gemacht habe und deswegen in Zukunft besser vermeide. Das wird aber nicht geschehen. Wir werden wieder ganz von vorne anfangen und das ganze Theater noch einmal von vorne durchstehen müssen.

Befreiung ist für einen Augenblick erfahrbar. Lasst los, woran ihr hängt, indem ihr seine vergängliche Natur erkennt, indem ihr erkennt, dass jeder Wunsch an sich Nicht-Erfüllung ist – die fürchterliche Leere des Herzens. Was immer ihr im Geist entdeckt, versucht, es fallen zu lassen, um einen Augenblick vollkommener Freiheit zu erfahren. Versucht, Leerheit unmittelbar zu schauen, indem ihr versteht, dass Begehren die Wurzel allen Geschehens ist. Ohne Begehren entsteht absolut gar nichts. Wenn nichts entsteht, bedeutet dies Leerheit – Frieden! Dieser Frieden beruht auf völliger Durchdringung und Einsicht.

Wir müssen uns nicht darüber sorgen, was nach dem Tode vielleicht mit uns geschehen wird. Besser, wir kümmern uns um das Jetzt und um den Augenblick des Todes. Damit können wir etwas anfangen, denn es ist uns zugänglich, keine unfassbare Vorstellung wie alle die Ideen, die sich um das Leben nach dem Tode ranken. Aber wir können es nur erfahren, wenn wir alles abschütteln, wenn wir alles aufgeben, eins nach dem anderen. Jeden Tag eine Kleinigkeit.

Nutzen wir nicht jeden Tag, um etwas Neues zu lernen, zum Beispiel dazu, Einblick in die Bedeutung der Leerheit zu gewinnen oder zu entdecken, wie wir mit unseren Gefühlen der Herzlosigkeit umgehen können, dann haben wir den Tag vergeudet. Wir könnten lernen, nicht auf Hitze oder Kälte zu reagieren, nicht auf die Mücken, nicht auf den Regen. Jeder von uns muss ganz bestimmte Dinge lernen. Wenn wir uns einen Tag nicht darum bemühen, haben wir diesen Tag sinnlos verstreichen lassen. Wir haben uns nur um unser bisschen Überleben gekümmert. Das ist eine verlorene Schlacht. Wir haben sie schon verloren, bevor sie überhaupt begonnen hat, denn wir werden nicht ewig am Leben bleiben. Nur wenn wir etwas dazulernen, haben wir den Tag für die Sache genutzt, für die er uns geschenkt wurde. Der Durchbruch zur Weisheit, das ist der einzige Sinn unseres Lebens. Jeder Tag ist unser ganzes Leben.

Glossar

Die folgenden Pāli-Wörter enthalten Konzepte und Ideen, für die es im Deutschen keine vollkommen entsprechende Übersetzung gibt. Diese Erklärungen sind dem *Buddhistischen Wörterbuch*[*)] von Nyāṇatiloka Mahāthera entnommen.

Anattā: »Selbst- bzw. Ichlosigkeit«, »Nicht-Selbst«, »Nicht-Ich«. – Die Lehre von *Anattā* besagt, dass es weder innerhalb noch außerhalb der körperlichen und geistigen Daseinserscheinungen irgendetwas gibt, das man im höchsten Sinne als eine für sich bestehende unabhängige Ich-Wesenheit oder Persönlichkeit bezeichnen könnte.

Arahat/Arahant: Der »Vollkommen Erleuchtete«, der von allen Fesseln frei ist. Die höchste Stufe der Heiligkeit.

Anicca: »Vergänglichkeit«, »Unbeständigkeit«; eine grundlegende Eigenschaft aller bedingt entstandenen Erscheinungen, ganz gleich, ob sie materiell oder mental, grob oder fein, der eigenen psychophysischen Existenz zugehörig oder äußerlich sind.

Dhamma (pāli)/Dharma (skr.): Die Lehre des Buddha, Naturgesetz, Wahrheit, Erscheinungen. – Das *Dhamma* als das vom Buddha erkannte und verkündete Gesetz ist zusammengefasst in den sogenannten Vier Edlen Wahrheiten.

---

*) Nyāṇatiloka: *Buddhistisches Wörterbuch*, Konstanz 1989.

Dukkha: Im allgemeinen Sprachgebrauch: »Schmerz«, Schmerzempfindungen körperlicher oder seelischer Natur. Im buddhistischen Sprachgebrauch: »Leiden« entsprechend der ersten der Vier Edlen Wahrheiten. Das Unbefriedigtsein und die Unzulänglichkeit. Eines der drei Daseinsmerkmale.

Jhāna: Meditative Vertiefung, Zustand der Versenkung oder Sammlung.

Karma (skr.)/Kamma (pāli): Wörtl. Wirken, Tat; bezeichnet genau genommen den die Wiedergeburt erzeugenden oder Charakter und Geschick der Wesen beeinflussenden heilsamen oder unheilsamen Willen sowie die damit verbundenen Geistesfaktoren. *Karma* bedeutet also keineswegs das Ergebnis des Wirkens oder gar das Schicksal von Menschen und ganzen Völkern.

Khandhas: Die Daseins- oder Anhaftungsgruppen, nennt man die fünf Gruppen, aus denen der Mensch besteht: 1. Körper *(rūpa);* 2. Gefühl *(vedanā);* 3. Wahrnehmung *(sañña);* 4. Geistesformationen *(sankhāra);* und 5. Sinnesbewusstsein *(viññāna).*

Mettā: Bedingungslose Liebe, Allgüte, liebevolle Zuwendung.

Nibbāna (pāli)/Nirvana (skr.): Wörtl. »Nicht-Brennen« bildet das höchste und letzte Endziel alles buddhistischen Strebens, d.h. das restlose »Erlöschen« alles in Gier, Hass und Verblendung sich äußernden, das Leben bejahenden und sich krampfhaft daran klammernden Willenstriebes, und damit die endgültige restlose Befreiung von allem künftigen Wiedergeborenwerden, Altern und Sterben, Leiden und Elend.

Papañca: »Ausbreitung«, »Weitschweifigkeit«, »ausführliche Auseinandersetzung«, »Entfaltung«, »Mannigfaltigkeit«, »Vielheit« (Welt).

Samsāra: Der Kreislauf der Wiedergeburten, wörtl.: beständiges Wandern. *Samsāra* bezeichnet das ewig rastlose, auf und nieder wogende Meer des Daseins, den scheinbar unauflöslichen Prozess des immer wieder und wieder Geborenwerdens, Alterns, Leidens und Sterbens.

Vipassanā: Hellblick, Klarblick; das aufblitzende intuitive Erkennen der Vergänglichkeit, des Elends und der Unpersönlichkeit aller körperlichen und geistigen Daseinserscheinungen.

Das Buddha-Haus ist ein buddhistisches Seminarzentrum und liegt etwa 130 km südwestlich von München in den Allgäuer Voralpen. Hier finden Meditationskurse für Anfänger und Geübte statt, die von erfahrenen Lehrenden geleitet werden, insbesondere von denen die in der Tradition von Ayya Khema lehren.

BUDDHA-HAUS

Meditations- und Studienzentrum e.V.

Uttenbühl 5 · 87466 Oy-Mittelberg

Tel. 08376/502 · info@buddha-haus.de

www.buddha-haus.de oder www.jhanaverlag.de